U0879876

物流设施规划与设计实训

乔鹏亮　肖立越　潘　静　编著

合肥工業大學出版社

图书在版编目(CIP)数据

物流设施规划与设计实训/乔鹏亮，肖立越，潘静编著．—合肥：合肥工业大学出版社，2017.12

ISBN 978-7-5650-3812-9

Ⅰ．①物… Ⅱ．①乔…②肖…③潘… Ⅲ．①物流管理—设备管理 Ⅳ．①F252.9

中国版本图书馆 CIP 数据核字(2017)第 328036 号

物流设施规划与设计实训

乔鹏亮　肖立越　潘　静　编著　　　责任编辑　袁　媛

出　版	合肥工业大学出版社	版　次	2017 年 12 月第 1 版
地　址	合肥市屯溪路 193 号	印　次	2018 年 1 月第 1 次印刷
邮　编	230009	开　本	787 毫米×1092 毫米　1/16
电　话	艺术编辑部：0551-62903120	印　张	11.5
	市场营销部：0551-62903198	字　数	280 千字
网　址	www.hfutpress.com.cn	印　刷	安徽联众印刷有限公司
E-mail	hfutpress@163.com	发　行	全国新华书店

ISBN 978-7-5650-3812-9　　　定价：48.00 元

编写委员会名单

主 任 委 员：乔鹏亮

副主任委员：肖立越　潘　静

委　　　员：张大为　施梅超　王景敏　吴　兰

鸣谢：本书得到了广西高校重点学科管理科学与工程、重点实验室北部湾现代港口物流实验室资助，在此表示感谢。

编写委员会委员简介

乔鹏亮　钦州学院经济管理学院　教授

肖立越　深圳国泰安教育技术股份有限公司

副总经理、高级物流师

潘　静　深圳国泰安教育技术股份有限公司

物流工程＆工业工程应用研究经理、认证讲师

张大为　钦州学院经济管理学院

物流管理专业教研室主任、博士

施梅超　钦州学院经济管理学院　副教授

王景敏　钦州学院经济管理学院　副教授

吴　兰　深圳国泰安教育技术股份有限公司

物流工程＆工业工程应用研究经理

前 言

目前物流设施规划与布置设计方面的书籍在市场上非常多，但相关的实训指导书却很少。设施规划与设计的课程设计都大同小异，学生所学的布置设计方法与企业实际情况相去甚远，学生所掌握的知识和技能有很多并不是企业真正所需要的。基于这种情况，钦州学院与深圳国泰安教育技术股份公司（以下简称“国泰安公司”）联合开发了《物流设施规划与设计实训》教材。该教材采纳了多位有实际物流企业规划设计工作经验的专家意见，运用 Flexsim 仿真软件、Visio 制图软件、AutoCAD 自动计算机辅助设计软件、FIE 布局和物流规划软件等进行设施的布局设计和物流系统的分析，实训前会引用相关的理论知识作为铺垫，是一本集理论知识和实训指导于一体的教材。

该教材由物料分类管理、仓库布置设计、配送中心的布置设计等三大部分内容组成，实训内容由浅到深、循序渐进，能让学生一步一步地掌握物流设施规划与设计的基础方法。

第一部分内容是物料分类管理，该部分内容看似与物流设施布置设计没有多大关系，但如果不懂物料分类的方法，学生是难以做好仓库分区的，仓库分区做不好，就不可能做好仓库的布置。物料分类管理知识不仅可应用到物流设施布置上，它也是 5S 管理、仓储管理的基础知识，因此这部分的实训内容是物流专业的学生应该掌握的。由于市场上与物料分类管理相关的标准及书籍很少，本书主要参考企业有代表性的实际案例，引用的相关名词是非标准化术语，可能会存在一些歧义，如有不足之处，请读者谅解。

第二部分内容是仓库布置设计，其中包含货架的选择、仓库的布置等两个实训。我们都知道仓库的面积通常占物流中心或配送中心建筑面积的一半以上，而影响仓储区面积利用率的主要因素是货架类型、仓储作业设备和储位深度等三个方面；通过实训，可以使同学们能够根据产品种类、包装、库存基础数据等选择合适的货架类型，并能设计货架的尺寸，最后得出所需的货架数量。有了货架的数量和尺寸，就能估算出所需要的仓库面积，然后根据作业流程，进行合理的仓库布置设计，并运用 Flexsim 仿真软件对仓库物流系统进行仿真分析，评价系统的合理性。整个实训过程环环相扣，有助于同学们形成系统的思维方式。

第三部分内容是配送中心的布置设计，是本书的难点。配送中心的布置设计内容要比仓库设计复杂得多，涉及的部门也多，作业流程复杂，物流路线多，还要考虑配套的辅助设施。配送中心的布置设计总负责人在企业中一般由非常熟悉配送工作流程，且有丰富的相关工作经验和具备较强管理能力的专业人士担任，因实训课时和学生能力所限，配送中心布置设计的实训只针对配送中心各功能区如何布设、如何选择合理的物流动线、布局合理性的简单评价等方面进行训练，而配送中心的安全设施设计，如水、电、排水系统、防火系统、防盗系统、环境要求等方面的设施规划并未纳入实训中。另外，因资源所限，用于评价物流系统规划和布置设计的FIE实训软件也存在很多不足之处，后续如有条件，会对配送中心规划和布置设计的评价实训进行版本升级和完善。

本教材适合指导物流工程、物流管理、工业工程等与物流设施规划与设计相关专业的专科、本科学生的实训。该教材具有实用性，也可供企业人员学习。

由于本教材的实训设计内容都是首次提出，再加上时间仓促，因此难免会存在失误，欢迎读者批评指正，也欢迎广大同仁共同探讨，齐力推进我国物流业的发展和物流教育的改革。

编　者

2017年10月

目　录

第一篇　物料分类管理

第二篇　仓库布置设计

第一篇 物料分类管理

实训目标

（一）知识目标

（1）了解物料分类的意义和作用

（2）了解物料分类的原则

（3）了解物料分类的方法

（4）了解 ABC 分类管理法

（5）了解物料编码的方法

（二）技能目标

（1）掌握物料的分类

（2）掌握物料的编码

课时安排

参考课时：2 课时，其中理论 1 课时，实训 1 课时。

第一章　物料分类的基础知识

课前思考

假如你是药店的售货员，你如何能立即在种类繁多的药品中给顾客找出其所需的药品？药店的药品陈列会遵循什么原则呢？如图 1-1-1 所示。

企业里库房的物料种类少则几十种，多达上万种，物料形状大小不一，价格也高低不同，而且有的物料性质迥异，我们应该采用什么方法对物料进行分类管理呢？

图 1-1-1

如果我们不懂物料的分类知识，那么如何能对仓库里存放的各种物料进行规划和管理呢？

第一节　物料分类基础知识

一、物料分类的意义和作用

（一）物料分类的意义

物料分类是将多品种物料按其性质或其他条件分别归入不同类别，进行有系统的排列，利于库存管理，提高仓储作业效率，减少呆废料发生，降低库存成本等。

（二）物料分类的作用

1. 便于计算机化作业。
2. 科学化管理：如仓储规划、采购、料帐等。
3. 物料计划、分析、管制的基础。
4. 方便成本估算与分析比较。
5. 改善作业效率，使得账务、存取、搬运效率提升。

二、物料分类的原则和方法

（一）物料分类的原则

1. 完整性：物有归属，不遗漏，一物一类。
2. 统一性：分类基准确定，不可中途变更。
3. 弹　性：可因需要插入新编号，不影响原有系统。
4. 关联性：类似或关系密切者尽量在一起。
5. 条理性：大分类→中分类→小分类，但不可太繁。

（二）物料分类的常用方法

1. 按功用分类

将材料分为主要材料与辅助材料。主要材料是构成制成品最主要的部分，而辅助材料多半配合主要材料的加工而附属于制品上。

2. 按形态分类

将材料分为素材与成型材。素材为仍需加工的材料，它又分为料材与粗型材。成型材为已加工的材料，它又分为配件、零件、组合件。

3. 按成本管制分类

将材料分为直接材料与间接材料。直接材料是直接作为产品制造的材料，其消耗与产品的产量成正比，如生产马达所需的铸件。间接材料是间接帮助产品加工的材料，其消耗不一定与产品的产量成正比，间接材料也包括辅助材料。

4. 按调度方法分类

将材料分为公司外部调度的第一次材料与公司内部调度的第二次材料。公司外部调度的第一次材料是指公司内购、外购的材料与外加工的材料。第二次材料是指规模较大的公司内部部门很多，由一个部门的材料调度至另一个部门。

5. 按准备方法分类

将物料分为常备物料和非常备物料。常备物料为利用存货管制的原理，定时购买一定数量的物料，存备这些材料以供平时所需。有些特殊物料不能事先购买存备，必须根据订单随时决定购买，是为非常备物料。

物料分类方法如图 1-1-2 所示。

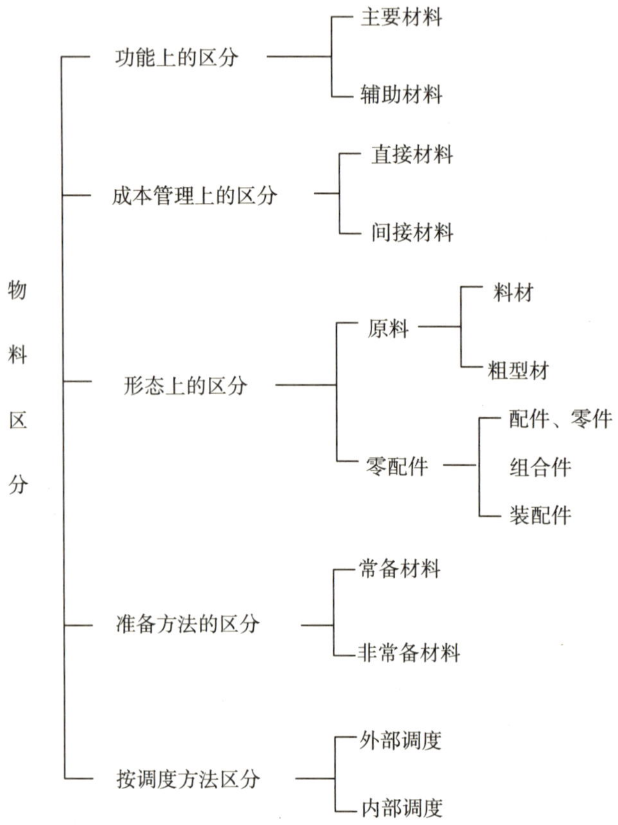

图 1-1-2　物料分类方法

第二节　物料分类的具体案例

一、制造企业常用的物料分类方法

制造企业的物料分类可根据物料的用途分为生产物料和非生产物料，生产物料和非生产物料还可根据材质或用途作进一步细分。

（一）生产物料的分类

A 类——塑胶件：是指将塑料原料经过加热至熔融，注入相应的模具中，冷却定型后打开模具，即得到的塑料制品。

B类——五金件：是指用金、银、铜、铁、锡等金属材料通过加工、铸造得到的金属制品。

C类——软胶件：是指用比重轻、材质表面硬度相对低的塑料制成的、常温下手感较软的塑胶制品。

D类——包装材料：是指用于制造包装容器、包装装潢、包装印刷、包装运输等满足产品包装要求所使用的材料，它既包括金属、塑料、玻璃、陶瓷、纸、竹类、野生藤类、天然纤维、化学纤维、复合材料等主要包装材料，又包括捆扎带、装潢、印刷材料等辅助材料。

E类——机电类：与电路有关的电气、电子元件，如电机、电路板、电源线、电容、温控器、锅炉、导线、灯泡、灯头、开关、保险管、闭端子等。

F类——辅料类：用于生产及周转的低值辅助材料，例如：

装机辅料：扎带、热缩管、生产胶水、封箱胶带、EVA单面胶、双面胶、焊锡、热熔胶、凡士林等；

丝印辅料：油墨、补丝网材料等；

擦机辅料：酒精、碧丽珠、抹布等；

注塑辅料：脱模剂、防锈剂、顶针油等；

周转辅料：泡泡袋、塑料袋等。

G类——原料类：塑胶原料、色粉、色种等。

H类——半成品类：用于组装整机的经过车间组装的合格部件，如主机、卷线器组件、大滚轮组件、前轮组件等。

I类——成品类：合格的可出厂的整机、配件包。

（二）非生产物料的分类

GJ类——工具类：

手动工具刀具：螺丝批、锉刀、刮刀、钳子、剪钳、锯弓、榔头、砂条、磨条等；

手持电动工具：电动批、气动批、手电钻、热风枪、电烙铁、打磨机、热熔枪等；

工具附件：磨头、钻头、锯条、电批头、烙铁头、热熔胶等。

GZ类——工装夹具模具类：

工装夹具：丝印网板、定位夹具、定形夹具等；

模具：注塑模具、五金模具等；

周转用具：周转箱、周转小车等；

模具配件：顶针、拉杆、水道密封圈、螺栓、螺母等；

工装、模具修理制造原材料：铜材、钢材、木材、木板、塑料板材、塑料棒材等；

工装、模具修理制造辅料：研磨剂、红丹油、砂纸、砂布等。

LJ类——量具类：

卡尺、钢板尺、卷尺、万用表、真空表、噪声仪等。

BG类——办公用品类：

办公工具：计算器、打孔机、文件夹、墙纸刀、订书机、印盒等；

办公低值易耗品：笔类、纸类、样本、办公胶水、请柬、贺卡、档案袋、刀片，办公胶纸、订书针、大头针、印油、夹子、单面胶挂钩、珍珠棉等。

LB类——劳保卫生类：

手套、口罩、工衣、肥皂、洗衣粉、洗手液等。

SB类——设备设施配件类：

生产设备：台钻、手动叉车、砂轮机、测试机、仪器等；

办公设备：文件柜、办公桌、椅子等、电风扇、白板等；

设备设施维修配件材料：空气开关、照明灯管灯泡、电线、线槽、插座、插板、地毯等；

设备设施维修辅料：电工胶布、彩色胶带、机油、油漆。

二、常见的商品分类和管理

商品之所以能够满足不同人群、不同季节、不同层次、不同地域的各个方面需求，就在于不同的商品由于原料、产地、工艺、技术标准等方面具有不同的特性。把商品按其自身属性、特征、使用价值、状态进行科学的分类，是对商品的采购、存储、筛选、陈列、促销等环节进行有效管理的前提。这对于合理利用卖场有限的空间和货架资源，努力实现盈利指标的最大化，具有重大意义。常用的商品分类方法有：

（一）新品和旧品的分类

按商品是否在本商场销售过，把商品分为新品和旧品。

新品又分为刚上市的新产品和已经在市场上销售而本商场尚未销售两种情况。

试销期：新品试销期一般为3个月，期满后可根据销售状况决定是否保留。

为培养新品，可在商品陈列上予以突出，如加以“新品推荐”“店长推荐”卡片、设置新品陈列区、现场试吃试喝、特价促销等手段。

（二）食品类和非食品类

参考国际国内行业规则，按商品属性（吃、用），把商品分为食品类和非食品类。

按照生产工艺和鲜度，又把食品分为袋装食品（有国际商品条码，保质期较长）和散称食品（即生鲜食品）。洗化类商品虽不能食用，但由于其和食品同属于一次性消费品，行业内把其归为食品类管理。所以，大中型超市常将商品分为食品、生鲜、非食品三大类。

1. 生鲜类

（1）范围

包括蔬菜、水果、熟食、面包、水产、畜产、面点、散粮、散装休闲食品等。

（2）特点

① 保质期短，一般只有几天，甚至一天，最长不超过一年；

② 保鲜难度大，易变质，多需低温冷藏；

③ 周转率高，因多为人们每日生活必需品，销量大，周转快，库存低；

④ 损耗大：多为原始或粗加工产品，易变质。顾客随意翻拣带来的商品损耗难以控制；

⑤ 面包、面点、熟食、凉菜的质量受制于员工个人技术，难以掌控，水平参差不齐，成为生鲜经营的特色、难点；

⑥ 最能为卖场带来人气。

（3）管理要求

① 卖场布局时，要求其在动线的末端，尽可能延长顾客在卖场逗留的时间，以带动整个卖场的销售；

② 订货量主要依据销售、天气、节庆、促销等因素；

③ 订价除了成本外，更应该考虑市场行情和同业竞争、商品品质等，变价要及时、灵活；

④ 严格控制损耗。在采购、运输、陈列、售卖、储存的各个环节，都要努力减少损耗的产生，轻拿轻放，及时翻检，防止虫害；

⑤ 商品陈列要突出鲜度、量度、品种丰富，杜绝不良商品上架；

⑥ 加强现场售卖气氛；

⑦ 加强卫生（个人、商品、道具、仓库、地面）管理；

⑧ 加强员工、技师的培训工作，提高加工类商品质量并做好新品的开发和引进，保持市场竞争优势。

2. 食品类

（1）范围

主要包括工业制成品的食品、饮料、烟酒、低温、速冻、洗化等大类商品。

（2）主要特点

① 均为一次性消费品，销量大，销售额一般占比为60%左右；

② 周转率较高；

③ 商品保质期较长：食品、饮料类多在3个月～1年，洗化类多为2～3年，个别酒类如洋酒、白酒无保质期。部分低温乳制品、果汁、肉食保质期较短，在7天～3个月；

④ 商品质量比较稳定，在保质期内不易变质；

⑤ 商品规格、包装规范，均带有国际标准条码；

⑥ 按生产工艺和存储要求，可分为常温食品（<25℃）、低温食品（0℃～4℃）、速冻食品（<－18℃）；

⑦ 品种品类丰富，单品数量多，管理难度较大；

⑧ 商品销售季节性变化起伏较大；

⑨ 商品品牌性较强，引进目的性较强，商品的采购难度较小。

（3）管理要求

① 商品陈列

分类陈列，把商品按属性进一步分为大分类、中分类、小分类，进行分类集中陈列，如食品类分为冲调类等，冲调类还可分为食用油类等，食用油类再分为调和油类等，调和油再按品牌分为金龙鱼调和油、福临门调和油、龙大调和油。

根据季节变化，对季节性较强的商品的排面、品种、位置进行适时调整。

道具选择。洗化类商品宜采用较低（135～145cm）专用道具和形象柜，常温食品采用180～240cm普通货架，低温食品采用立风柜，速冻食品采用岛柜，干红（白）类红酒采用专用酒柜（倾斜）。

② 保质期管理。食品类95%的商品都有保质期，剩余保质期较短时，会让顾客产生“临近保质期，商品质量不好”的心理预期，从而对其购买行为带来负面影响，尤其对于保质期较短的商品和乳制品。临期品的判定标准以＜1/2标准为宜，收货时以＞70%保质期为宜。

③ 突出“单品管理”的超市法则，忌对一二线品牌进行品牌管理。例如可口可乐公司的碳酸饮料系列仅可乐、雪碧系列畅销，而芬达、醒目就比较差。全系列的陈列就会浪费有限的货架资源。

3. 非食品类（传统百货类，区别于流行百货、精品百货）

（1）范围

超市内除去食品、生鲜以外的所有商品，主要包括服饰针织、床上用品、箱包皮鞋、家具百货、文体用品、图书音像、小家电等。

（2）主要特点

① 均为耐用消费品，销量较小，销售额占比为20%左右；

② 周转率较低；

③ 95%以上的商品材质、性能稳定，没有保质期（保鲜膜、胶卷、电池等除外）；

④ 除季节性服饰外，其他商品销售比较平稳，季节性不强；

⑤ 除家电类商品外，其他商品品牌性较差，全国性的品牌很少，产品引进、开发的难度较大，风险较高；

⑥ 商品规格、形状繁杂，不宜陈列；

⑦ 多数商品无国际条码，需自粘贴编码；

⑧ 毛利率较高，多在25%～35%。

（3）管理要求

① 开发、引进新品时注重售后服务，避免无法退换货带来的损失；

② 注重商品价格、款式的地域性；

③ 根据商品的规格形状选用不同的货架及配件，如挂钩（单线、双线、鹅颈、L型、弹珠），（球、鞋、自行车、碗碟、书、音像、衣）架等；

④ 陈列区域要求楼层较低、位置较好，依赖于生鲜、食品的带动；

⑤ 商品滞销时要及时处理、调整，确保周转率不低于行业均值，避免库存积压和资金沉淀；

⑥ 服装针织类商品注重流行趋势、市场定位、价格定位、款式。例如目前县级市场主流消费群体为25～35岁的青年人，“休闲”是流行趋势，正装销量很低，80～120元的商品销量最大。

（三）季节性商品和非季节性商品

根据商品在一年四季销售的起伏变化，把商品分为季节性商品和非季节性商品。

对于季节性商品，要根据其在不同季节的销售状况，适时调整其陈列和单品数。在旺季时，扩大陈列面积，增加单品数，适度加大补货量和库存。反之，在淡季时，要减少陈列排面，减少单品数，控制库存。商品陈列要有强烈的时令性、季节感，见表1-1-1所列：

表 1-1-1　商品的淡旺季

商品类别	春（3月、4月、5月）	夏（6月、7月、8月）	秋（9月、10月、11月）	冬（12月、1月、2月）
酸奶	较旺	旺	一般	淡
纯奶	一般	淡	旺	较旺
白酒	一般	淡	中秋旺	春节旺
红酒	淡	淡	中秋旺	春节旺
香烟	一般	淡	较旺	旺
礼盒	一般	一般	中秋旺	春节旺
月饼	无	无	中秋旺	无
水	一般	旺	一般	淡
碳酸饮料	一般	旺	一般	春节旺
洗发水	一般	旺	一般	一般
花露水	一般	旺	一般	无
秋衣、保暖衣	淡	无	旺	旺
锅、盆、碗、筷	淡	淡	淡	旺
羽绒服	无	无	较旺	旺
护手霜	一般	无	较旺	旺

（四）商品的A、B、C分类

根据商品的畅销程度，把商品分为A、B、C三类，即国际上通用的“二八法则”，分类和管理方法见表1-1-2所列：

表 1-1-2　商品的A、B、C分类管理

物料类别	单品数	销售占比	排面	位置	库存管理
A类	5%	70%	最大	最优	严禁缺断货
B类	15%	10%	正常	一般	合理控制
C类	80%	20%	压缩	较差	严格控制，末位淘汰

商品A、B、C分类及定位可借助软件系统按销售额和销售量排行综合确定。对于A类商品，要尽力扩大其排面，陈列在最好的位置，想尽一切办法避免缺断货；对于C类商品，按月或季度进行销售排行，淘汰其单品数的5%～20%。单品淘汰要剔除节庆和促销因素。季节性商品可做季节性压缩、淘汰。策略性商品虽无销量，但考虑品项的齐全性，酌情保留，如可乐系列除可口可乐、百事可乐以外的商品酌情保留。

A类商品又可称为畅销品，C类商品又可称为滞销品。

（五）商品按质量等级的分类

根据商品能否正常销售，可把商品分为正常品、残次品、报废品。

1. 残次品（不良商品视同残次品管理）

（1）含义

残次品是指因包装变形、破损、污损、零部件缺失、品质下降（生鲜）等原因，虽不能按正常商品销售，但仍有一定剩余价值的商品及虽无剩余价值但可退换货的商品。

（2）管理要求

① 安全、文明、科学作业，尽量减少残次品发生；

② 不得在正常排面陈列；

③ 分类集中存放；

④ 处理方式：退换货、打折。

2. 报废品

（1）含义

报废品是指因变质、破碎、到期、破损等原因导致无任何剩余价值且不可退换货的商品。可追究责任获取赔偿的商品不在此列。

（2）管理要求

按公司规定的程序进行报废作业，各部门互相监督，严禁私用和流向市场。

（六）按结算方式分类

按与供货商签订合同约定的结算方式，可把商品分为：

1. 经销商品

在约定期限，无论商品销售状况如何，必须全部结算还款。

① 根据日均销量和补货周期合理确定安全库存，最忌拿现金买库存；

② 尽可能在结款日后补货；

③ 适当延长账期；

④ 缩小商品适用范围，仅限用于垄断商品、名贵酒类、A类商品、部分B类商品。

2. 联营商品

不管理库存，按实际销量扣除扣点和相关费用后结账，多见于精品百货、生鲜、家电类商品。

① 与卖场商品只能互补，不能冲突、重复；

② 联营商品不得超范围经营；

③ 租金、扣点、保底三选其二；

④ 监控商品质量；

⑤ 确保合法经营。

3. 扣率代销商品

管理库存的联营商品，仅见于管理严格规范的精品百货（略）。

4. 代销商品

按实际销量结算（略）。

5. 租赁

只收取租金，管理参照联营商品。

（七）根据商品周转速度分类

根据商品的实用性和周转速度，可把商品分为：

1. 一次性消费品（快速消费品）

每次使用都会带来商品实质性的减少，周转快，主要是指食品（含生鲜）、洗化。

一次性消费品为人们日常生活必需，销量大，销售占比一般为超市的80%，是超市经营的重点。

2. 耐用消费品

不可直接食用且可重复使用，性能稳定，每次使用不会带来明显的实物减少，周转较慢，主要是指非食品类的服饰针织、家具百货、家电、图书音像等。

耐用消费品销量相比一次性消费品要少得多，销售占比一般为20%，但也是人们日常生活所需，为大中型超市品类构成，必不可少。耐用消费品可以满足人们多样化的生活需求，可以发挥大中型超市“品类齐全”的规模优势。小型超市、便利店很少经营此类商品。

（八）根据消费者购买心理分类

根据消费者购买心理，可把商品分为：

1. 目的性购买商品

每日生活必需的生鲜类商品、调味品、部分洗化类商品、非食品类如家居用品（锅、碗、瓢、盆）等。

（1）生鲜布局一般在超市的动线末端或死角，以延长消费者的走动距离和逗留时间，带动其他商品的销售。

（2）洗化类商品考虑到安全性因素和卖场形象，多陈列在收银区前方。

（3）非食品类商品多陈列在较差的位置。

2. 随机性购买商品

随机性购买商品是指非生活必需的休闲食品、玩具等。此类商品销量大，毛利较高，对陈列位置的依赖性较强，一般陈列在超市的最优区域。

（九）根据商品在超市营销中的战略定位分类

根据商品在超市营销中的战略定位和对商场的贡献度，可把商品分为：

1. 主力商品

销售额高、销量大，如A类商品。

2. 形象商品

全国性一线品牌，厂家强势，销量虽大但毛利很低，如可口可乐、金龙鱼、宝洁、青岛啤酒等，毛利率只有5%～9%，但对于超市来讲则必不可少、无可替代。

3. 人气商品

净毛利不高，但是人们日常生活的必需品，销量大，能够为整个商场带来人气，主要是指生鲜类的蔬菜、水果、鲜肉、低价促销品等。

4. 毛利商品

销量较小，但毛利率较高，能够带来丰厚的毛利，主要是指非食品类商品，毛利率多在25%～35%，远高于食品类和生鲜类商品。

5. 费用商品

销量虽小，但厂家提供可观的费用支持以保持其陈列、销售权利，足以弥补销售缺陷，为超市带来回报。

6. 投机商品

非正常渠道超低价进货，快速出货，毛利丰厚但不长期经营，多见于季节性较强的商品或原产地进货商品，有时也用于战术袭扰。

7. 策略商品

虽销量很小，但丰富了商品品项，塑造了超市的经营特色，提升了超市的经营档次，如进口水果榴梿、进口洋酒等。

（十）根据消费者的心理消费预期分类

根据消费者的心理消费预期，可把商品分为新鲜商品和临近保质期商品（简称临期品）。

1. 临近保质期的判定标准根据不同商品的特性分为

① 可销售期限<1/2保质期；

② 可销售期限<3个月；

③ 距生产日期>6个月～12个月；

④ 距生产日期>2个月（液态乳制品、低温肉制品）。

2. 管理要求

① 尽可能要求供货商退换货；

② 迅速促销处理；

③ 不作正常陈列。

（十一）根据商品的进货渠道分类

根据商品的进货渠道，可把商品分为自营商品和非自营商品。

1. 自营商品的目的、意义

① 丰富商品种类和品项。有的商品市场表现优秀或为超市必不可少（如非食品类商品），但本地区无代理商或质量无法保证；

② 提升超市品味、档次（知名品牌、高档商品、进口商品）；

③ 缩短供应链，降低进价和成本；

④ 向本区域和同类商品的经销商施加压力，增加谈判筹码。

2. 主要特点

① 现款采购居多，如销售不畅，容易造成库存积压，增加财务压力和经营风险；

② 厂家及经销商费用和促销支持力度较小；

③ 退换货成本高、难度大，临期品、残次品难以处理；

④ 新品培养和市场推广难度大，成活率较低；

⑤ 进货成本较低，毛利率较高。

3. 管理要求

① 初次补货要控制数量，以免造成库存积压；

② 陈列优先：商品陈列的优先顺序依次为，自营商品→A类商品→B类商品→C类商品；

③ 采取措施，保证其与同类商品的公平售卖环境，弱化同类商品促销人员的负面影响；

④ 加大促销频率和推介力度。

练习与思考

1. 物料分类的原则有哪些？

2. 物料分类常用方法有哪些？

3. 请简单说说物料分类的意义和作用？

4. 请简单讲讲生产物料中的五金件的材料有哪些？铝制面板属于五金件吗？电动机属于哪一类生产物料？

5. 如图1-1-3所示的橡胶密封圈垫片，你认为它们属于哪一类生产物料？

图1-1-3　橡胶密封圈垫片

6. 请简单说说商品的分类方法主要有哪些？

第二章　物料的编码

学习了前面的物料分类知识后，为了方便管理，还需要对每一种物料进行编码，物料的分类原则还应体现在物料的编码上。

第一节　物料编码的意义

一、物料编码的意义

由于物料要经过请购、订购、验收、入库、领发、退库、记录等多个环节，再加之种类繁多，容易造成一物多名或物名错乱的现象，造成采购、验收、领发和记录不便。

对物料统一编码后，每一种物料对应一种编码，即任何一种物料无论名称如何称呼，编码只有一种，同时也能克服由于手工作业而造成的物料漏记现象。

1. 有利于提供正确的物料资料（正确性）
2. 提高物料管理的工作效率（效率性）
3. 有利于计算机管理
4. 有利于防止物料舞弊事件发生
5. 有利于压缩物料的品种、规格

二、物料编码需考虑的重要问题

1. 有无正确的编码原则
2. 有无统一的编码管理
3. 子母公司编码是否统一

第二节 物料编码的原则和方法

一、常见物料编码的原则

1. 简单性原则
2. 唯一性原则
3. 分类性原则
4. 扩展性原则
5. 完整性原则
6. 一贯性原则
7. 永久性原则
8. 易记性原则

二、电算化物料编码的原则

1. 编码应该反应分类
2. 编码应该反应顺序
3. 变动属性不应纳入编码
4. 编码越简短越好
5. 避免采用有意义编码
6. 避免使用英文字母
7. 避免使用特殊符号
8. 编码长度保持一致
9. 编码应有防错功能

三、物料编码方法

1. 数字法
2. 英文字母法
3. 暗示法
4. 混合法

（一）数字法

1. 连续数字编码法

连续数字编码法是首先将所有物料依某种方式大致排列，然后自 1 号起依顺序编排流水号。这种物料编码方法可做到一料一号，只是顺序编码除显示编码时间的先后，往往与所代表项目的属性并无关联。因为新购物料无法插入原有排列顺序的料号内，例如：1078 为 3/8″×3/4″之六角铁制带帽螺栓，而新购的六角铁制带帽螺栓为 3/8″×1″，其物料编码无法插入（因过去没有库存或采用这种物料，故无编码），故只好编以最后一个号码 8974。两种物料本应排在一起，现在物料编码相距如此遥远，在物料管理、仓储管理上很不方便。

2. 分级式数字编码法

分级式数字编码法是首先将物料主要属性分为大类并编定其号码。其次再将各大类根据次要属性细分为较次级的类别并编定其号码，如此继续进行下去。在分级式数字编码法中，任一物料项目只有一个物料编码。表 1-2-1 所列为三种属性的阶级式数字编码法，共可组成 36 类（3×4×3）物料的编码，这种方法的优点一方面显示编码的规律性，另一方面达到一物料项目仅有一编码的目标；其缺点是无用空号太多，一方面显得浪费累赘，另一方面常导致物料编码位数不够用。

表 1-2-1 分级式数字编码法

来源（大类）	材料（中类）	用途（小类）
1＝自制	1＝非铁金属	1＝零部件
2＝外购	2＝钢铁	2＝包装用料
3＝委外加工	3＝木材	3＝办公用品
	4＝化学品	

3. 区段数字编码法

区段数字编码法介于连续数字编码法与分级式数字编码法之间。使用位数较级次式数字编码法更少，而仍能达到物料编码的目的。例如有 64 项，分为 5 大类，其情形见表 1-2-2 所列：

表 1-2-2 区段数字编码法

A 类	12 项
B 类	10 项
C 类	17 项
D 类	15 项
E 类	10 项
合计	64 项

上述情形，如用分级式数字编码法必须为 3 位数，但如改为区段数字编码则仅需两位数即可，其情形见表 1-2-3 所列：

表 1-2-3 区段数字编码法案例

类别	分配编码	剩余备用编码
A 类	12 项（01—20）	8 项
B 类	10 项（21—37）	7 项
C 类	17 项（38—61）	7 项

（续表）

类别	分配编码	剩余备用编码
D类	15 项（62—83）	7 项
E类	10 项（84—99）	6 项

4. 国际十进制分类法（UDC）

这种方法于 1876 年被美国麦人威尔·杜威（M. Dewey）首创，其方法新颖而独到，可以无限制展开，颇受欧洲大陆各国的重视。1895 年的国际图书馆学会决定以杜威的十进法为基础，作更进一步发展，其后经众多数学专家的研究与发展，最后完成国际十进制分类法（Universal Decimal Classification），已有许多国家采用其为国家规格。所谓国际十进制分类法是将所有物料分类为十大类，分别以 0—9 的数字代表，然后每大类物料再划分为十个中类，再以 0—9 的数字为代表，如此进行下去按金字塔形态展开。其情形见表 1－2－4 所列：

表 1－2－4　国际十进制分类法案例

6	应用科学
62.	工业技术
621.	机械的工业技术
621.8	动力传动
621.88	挟具
621.882.	螺丝、螺帽
621.882.2	各种小螺丝
621.882.21	金属用小螺丝
621.882.215	丸螺丝
621.682.215.3	平螺丝

采用国际十进制分类法的物料编码，如编码编至 3 位数字之后仍须继续延长时，即应加以“.”符号以表示划分。国际十进制分类法可无限展开，任何新物料之产生均可插入原有物料编码的系统而不混淆原有的物料编码系统。国际十进制分类法所能运用的符号只有 10 个（0—9），故使编码趋长而又无暗示作用，实在美中不足。

（二）英文字母法

英文字母法是指将某项物料用特定的一个字母或一组字母来表示的方法，见表 1－2－5所列。

国际通用的字母有 26 个，也就是说可以将物料分成 26 个大类，这对一般企业来说已足够使用。

表 1-2-5　英文字母法

第一类	第二类	第三类
A 原料类	A 无机化工	A 酸类
		B 碱类
		C 盐类
	B 有机化工	
	C 化学试剂	
B 五金类		
C 电子类		

（三）暗示法

暗示法是指根据物料的特性，采用特定的数字和符号使之能代表物料特性的方法，见表 1-2-6 所列。

暗示法，又可分为数字暗示法和符号暗示法。

表 1-2-6　暗示法案例

电阻值	编码一	编码二
0.1Ω	010	001
1Ω	100	010
10Ω	101	100
100Ω	102	101
1000Ω	103	102

（四）混合法

混合法是指将英文字母和数字结合起来使用的方法，见表 1-2-7 所列。

表 1-2-7　混合法案例

品　种	编　码
金属物料	M
螺栓、螺丝及帽	MB
带帽螺栓	MBI
六角铁制带帽螺栓	MBI-60
3/8″×3/4″六角铁制带帽螺栓	MBI-606-6
3/8″×1″六角铁制带帽螺栓	MBI-606-8
2/2″×1″六角铁制带帽螺栓	MBI-608-8

举例：

××××××公司的所有编码定数为13位，全部以阿拉伯数字组成，整个编码的方式为：

一级分类码（2位）＋二级分类码（3位）＋特性描述码（6位）＋后缀识别码（2位）

1	2	3	4	5	6	7	8	9	10	11	12	13
一级分类码		二级分类码			特性描述码						后缀识别码	

练习与思考

1. 请说明物料编码的意义。
2. 简述常见的物料编码原则。
3. 请具体说明物料编码的方法有哪些？

第三章　物料分类管理实训

同学们：

学习了物料分类和编码知识，我们来动手练习一下，请对我们实训室的物料进行分类和编码吧。

一、实训任务

（1）物料按属性分类

（2）物料编码

二、实训准备

（1）物料准备

笔、A4 纸。

（2）人员安排

实训人员分成四个小组，每组 6～10 人，并选一名组长。

（3）实训要求

实训前检查实训器材、工具、物料是否齐全；

学生按要求分组，每组人员完成所列的实训任务；

实训结束后，提交实训报告。

三、实训步骤

根据实训室条件在以下实训任务中进行二选一，如果实训室里有 20 种以上物料，那么，请选择做实训任务一；如果实训室没有物料，则选择做实训任务二。

实训任务一

步骤一：首先请各组组长带领组员围绕实训室走一圈，将实训室的所有物料名称、数量记录下来。（10 分钟）

步骤二：各组进行讨论，对所记录下来的物料按大、中、小分类，分类原则可根据物料材质或用途进行分类，没有唯一标准，但分类要合情合理，可参考前面所学的

物料分类知识和所举案例进行分类。(10 分钟)

步骤三：各组完成物料分类的讨论后，对分好类的所有物料进行编码。编码规则请参照前面所学的编码方法进行编码。各组将分好类和编好码的所有物料，按照表 1-3-1的格式进行填写。(15 分钟)

表 1-3-1　物料分类和编码实训表模板

序号	物料名称	大类	中类	小类	编码
1					
2					
3					
4					
…					

步骤四：请各组派代表展示实训结果，并谈谈各自小组是根据什么分类规则和编码规则来对物料进行分类和编码的。(10 分钟)

实训任务二

步骤一：各组人员按照前面商品分类的知识，将表 1-3-2 所列商品按大、中、小分类，分类方法由小组讨论后自定。(15 分钟)

步骤二：将分好类的商品进行编码。编码规则可参照前面所学的编码方法进行编码，并填进表 1-3-2 中。(25 分钟)

表 1-3-2　物料分类和编码

序号	商品名称	大类	中类	小类	编码
1	瓶装啤酒				
2	听装啤酒				
3	白酒				
4	红葡萄酒				
5	白葡萄酒				
6	香槟酒				
7	成人牙膏				
8	儿童牙膏				
9	成人牙刷				
10	儿童牙刷				
11	羽毛球				

（续表）

序号	商品名称	大类	中类	小类	编码
12	乒乓球				
13	变形金刚				
14	学前玩具				
15	开关				
16	电源插座				
17	导线类				
18	菜板				
19	菜刀				
20	铲子				
21	饭勺				
22	碗				
23	盘子				
24	保温杯				
25	水杯				
26	电吹风				
27	蒸气式电熨斗				
28	干式电熨斗				
29	电脑电饭煲				
30	自动电饭煲				
31	干电式剃须刀				
32	充电式剃刀				
33	吸尘器				

四、实训报告要求

实训（实习）日志和实训（实习）报告一律打印上交，报告字数不少于1000字。报告需包括以下内容：

（1）本次实训目的。

（2）本次实训流程及数据结果。

（3）本次实训发现的问题和建议。

（4）思考题。

① 物料分类一定要根据实际情况而定，否则会对作业效率、销售业绩、管理造成重大影响。想一想，本次实训小组的物料分类规则适用于商场销售还是库房管理？有哪些利弊？

② 如果物料编码不合理，如编码长度太长，会对作业效率和作业质量带来什么影响？如果编码无扩展性，一次编码升级需要增加什么成本？想一想小组的物料编码规则还有哪些需要改善的地方？

（5）本次实训的总结。

第二篇 仓库布置设计

实训目标

（一）知识目标

（1）了解设施布置的内容

（2）了解设施布置的形式

（3）了解工厂布局所需的基本原始资料

（4）了解系统化布置设计流程和方法

（5）了解货架种类

（6）了解仓库货区规划应注意的问题和基本思路

（7）了解仓库货区的主要布置形式

（8）了解选择货架的原则和需考虑的因素

（9）了解办公室布置的内容和方法

（10）了解仓库布置的内容和方法

（11）了解零售服务业布置的内容和方法

（二）技能目标

（1）掌握货架的选择方法

（2）掌握重型货架的尺寸、层数、数量的设计方法

（3）掌握货架布置的方法

（4）掌握仓库各作业区域的布置方法

（5）掌握用 Flexsim 软件进行仓储物流仿真模型搭建

（6）掌握用 Flexsim 软件进行送货仿真模型搭建
（7）掌握用 Flexsim 软件进行收货平台仿真模型搭建
（8）掌握用 Flexsim 软件进行接收区仿真模型搭建
（9）掌握用 Flexsim 软件进行存储区仿真模型搭建
（10）掌握用 Flexsim 软件进行发货拣选区仿真模型搭建
（11）掌握用 Flexsim 软件进行运输仿真模型搭建
（12）掌握用 Flexsim 软件进行仓储物流仿真模型运行和统计

课时安排

参考课时：12 课时，其中理论 2 课时，实训 10 课时。

第一章 设施布置设计

课前思考

同学们，假如现在让你来做一个仓库的布置设计，应该如何着手呢？

仓库的布置设计是物流设施规划与设计中很重要、很基础的内容，我们做仓库的布置设计，需要考虑哪些因素呢？仓库的长、宽、高如何确定？仓库由哪些作业区域组成？如何布置才能使作业效率最高？

我们做仓库的布置设计的实训前，首先要了解设施布置设计的内容和系统化布置的方法等方面的知识，这对我们如何做好物流方面的布置设计有一定帮助。

第一节 设施布置的内容

设施布置设计（Facility Layout）过去也被称为工厂布局（Plant Layout）。它是根据企业的经营目标和生产纲领，在已确定的空间场所内，按照从材料的接收、零件和产品的制造，到成品的包装、发运的全过程，将人员、设备、物料所需要的空间作最适当的分配和最有效的组合，以便获得最大的生产经济效益。

工厂布局包括两个内容，即工厂总体布置和车间布置。

一、工厂总体布置设计

解决工厂各个组成部分，包括生产车间、辅助生产车间、仓库、动力站、办公场所等作业单位的相互位置；

解决运输线路、管线、绿化及设施美化的相互位置；

解决物料的流向和流程，厂内外运输连接及运输方式。

二、车间布置设计

解决各生产工段、辅助服务部门、储存设施等作业单位的相互位置；

解决工作、设备、通道、管线间的相互位置；

解决物料搬运流程和运输方式。

重要说明

“作业单位”是设施的基本区划，如图 2-1-1 所示，可大至一个建筑物或一个车间，亦可小至一个出入口或一台机器。如何进行划分，须看规划设计工作所处的阶段或层次。

作业单位的最高层次是要设计的设施（Facility），包括一系列部门（Departments），部门可以是车间或其他机构。

部门由工作中心（Work Center）组成，对工厂而言这些工作中心可以是工段或班组，如车床工段，也可以是柔性制造单元（FMS）。

工作中心由工作站（Work Station）组成。工作站也称工作地，是最小作业单位，它一般由一台机器和（或）一个作业人员组成。

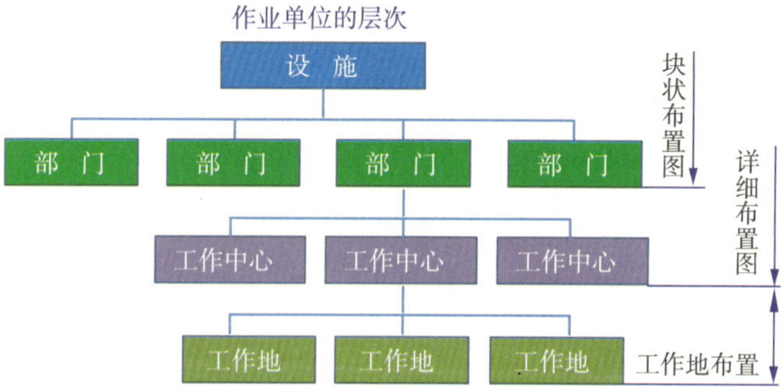

图 2-1-1　作业单位层次图

第二节　设施布置的目标

一、总体目标

在已确定的空间场所内，将物流全过程的人员、设备、物料所需的空间做最适当的分配和最有效的组合。

二、具体目标

最好的工艺流程——保证工艺流程畅通，生产时间短，生产连续。

最少的物料搬运费用——运输路线简化，避免往返和交叉。

最有效的利用空间——使建筑设备和单位制品的占有空间缩小。

最好的柔性——设施布置适应产品需求的变化、工艺和设备的更新。

最舒适的作业环境——保证安全，满足生理、心理要求。

最便捷的管理——使有密切关系或性质相近的作业单位布置在一个区域或靠近布置。

第三节　设施布置的决策依据

一、公司目标

布置应达到的目标是存储费用、劳动力、闲置设备保持在一定的水平之下，从而达到预期的产量和利润，但它们的相对重要性不完全相同。

二、用户需求

我们关心的是当前与未来的需求量水平及产品品种搭配，产品策略不同，则布置策略也将明显不同。

三、加工过程

这是所选择布置类型的主要约束条件。

四、空间利用

布置总是约束在建筑物内的实际范围里。

五、生产能力

当公司目标、用户需求、加工过程和空间有效利用率确定后，便可估算所需的生产能力和重新布置后所获得的生产能力。（最理想的布置应能适应环境的变化）

第四节　生产的基本类型

按生产管理角度来讲，生产可分为：制造性生产、服务性生产。

一、制造性生产

制造性生产是指通过物理作用和（或）化学作用将有形输入转化为有形输出的过程。

（一）按生产的形态划分

按生产的形态将制造性生产分为：连续性生产与离散性生产。

1. 连续性生产

连续性生产是物料连续、均匀地按一定的工艺顺序运动，在运动过程中不断地改变形态和性能，最终形成产品的生产。

2. 离散性生产

离散性生产是物料离散、间断地按一定的工艺顺序运动，在运动过程中不断地改变形态和性能，最终形成产品的生产。

两者的主要特点及管理的重点见表 2-1-1 所列。

表 2-1-1 连续性生产与离散性生产的特点及管理的重点

生产类型	生产管理的特点	生产管理的重点
连续性生产	产品工艺加工过程相似；按工艺布置生产设备；车间、工段按工艺阶段划分	保证原材料、动力的连续、不断供应；加强维修保养；实施监控；保证生产安全
离散性生产	零件加工彼此独立；通过部件装配和总装形成产品；协作关系复杂；管理难度大	控制零部件的生产进度，保证生产的成套性

（二）按需求来源划分

按需求来源将制造性生产分为：备货型生产与订单型生产。

1. 备货型生产

在没有接到用户订单时按已有的生产标准或产品系列进行生产，生产的目的是补充成品库存，通过成品库存来满足随时发生的用户需要。

2. 订单型生产

按用户订单进行生产。通过签订合同，按订单规定的产品规格、质量要求、需求量、交货期、售价等要求组织生产。

两者的主要区别见表 2-1-2 所列。

表 2-1-2 备货型生产与订单型生产的主要区别

项目	备货型生产（MTS）	订单型生产（MTO）
生产特点	量大、标准、容易预测	量小、多变、难预测
生产流程	稳定、标准、均衡	不稳定、不标准、难准衡
库存	连续生产和市场的纽带	不设成品库存
计划	优化的标准计划	不便详细，近细远粗
设备	专用高效设备	通用设备
人员	专业化	多种操作技能

（三）按产品或服务的专业化程度划分

按产品或服务的专业化程度将制造性生产分为：大量生产、成批生产和单件生产。它们的主要特点见表 2-1-3 所列。

表 2-1-3　大量生产、成批生产和单件生产的特点

生产类型	特　点	备　注
大量生产	品种单一；产量大；生产重复程度高；专业化水平高	优点：设计方面，简便、标准、工作量小；工艺方面，分工精细、专业化水平高、容易采用专业高效设备、机械化、自动化水平高；生产管理方面，集中的生产管理模式；理性管理多；例外管理少；计划管理简单；机器设备的充分利用
成批生产	品种较多，单产品产量较小；成批轮番生产	介于大量生产和单件成批生产之间
单件小批生产	品种繁多，每种仅生产一件，生产的重复度低	缺点：产品制造周期长；资金周转慢；用户订货提前期长；人员多，生产效率低，成本高；产品质量不易保证

二、服务性生产

服务性生产又称非制造性生产。它提供劳务，而不是制造有形产品，不制造有形产品不等于不提供有形产品。

1. 服务性生产分类

① 按是否提供有形产品将服务性生产分为：纯劳务生产与一般劳务生产。

② 按客户是否参与将服务性生产分为：客户参与的服务生产与客户不参与的服务生产。

③ 按劳动密集程度将服务性生产分为：大量资本密集服务、专业资本密集服务、大量劳务密集服务、专业劳务密集服务。

2. 服务性生产特点

① 服务性生产生产率难以测定。

② 服务性生产质量标准难以建立。

③ 与顾客接触是服务性生产的一个重要内容，但这种接触往往导致效率降低。

④ 纯服务性生产不能通过库存来调节。

第五节　产品—产量分析（P—Q 分析）和布置形式

一、产品产量分析定义

产品产量分析是通过对企业生产的产品品种的多少及每种产品产量的高低来决定工厂的生产类型，以此确定设施基本布置形式而采用的综合分析方法。同时也是物料重要等级分类的方法。

二、设施布局形式

先按设施类别分为生产设施和服务设施两大类，再来细分布置形式。

（一）生产设施的几种基本的布置形式

1. 定位式布置原则（项目布置）

主要是工程项目和大型产品生产采用的一种布置形式。

它的加工对象位置、生产工人和设备都随加工产品所在的某一位置而转移。例如工程建设、飞机厂、造船厂、重型机器厂等，如图 2-1-2 所示。

定位式布置缺点：场地空间有限；不同的工作时期，物料和人员需求不一样，这给生产组织和管理带来较大困难；物料需求量是动态的。

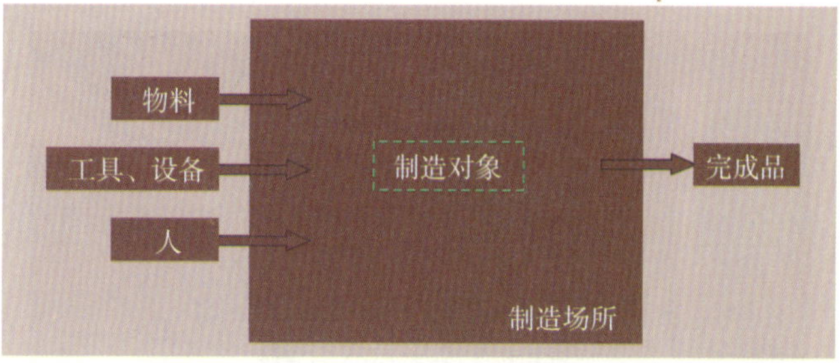

图 2-1-2 定位式布置示意图

2. 产品原则布置（流水线布置）

当产品品种少批量大时，应当按照产品的加工工艺过程顺序来配置设备，形成流水生产线或装配线，如图 2-1-3 至图 2-1-6 所示。

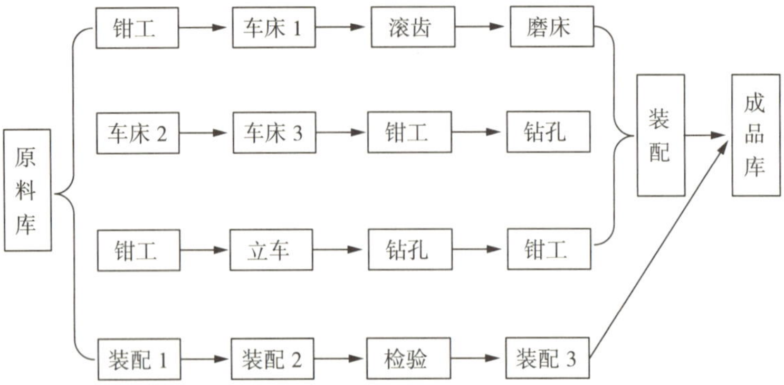

图 2-1-3　产品原则布置示意图

图 2-1-4　汽车装配生产线

图 2-1-5　汽车焊接生产线

（1）产品原则布置的基础

标准化及作业分工。整个产品流程被分解成一系列标准化的作业，由专门的人力及加工设备来完成。

图 2-1-6　汽车后桥加工生产线

（2）产品原则布置的优点

产品产出率高，单位产品成本低；

每一产品都按工艺流程布置设备，因此加工件经过的路程最直接、最短，无用的停滞时间也最少；

操作人员效率高且所需培训少；

生产管理和采购、库存控制等工作也相对简单。

（3）产品原则布置的缺点

要求较多的设备，而且设备投入比较大；

对产品种类及产量变化、设备故障等情况的响应较差；

线上工作重复单调乏味，缺乏提升机会，可能会导致工人的心理问题或职业伤害；

为了避免停产，设备备用件的库存可能比较大。

3. 工艺原则布置（机群式）

工艺原则布置又称机群布置，是将同类设备和人员集中布置在一个地方的布置形式，如图 2-1-7 至图 2-1-9 所示，见表 2-1-4 所列。

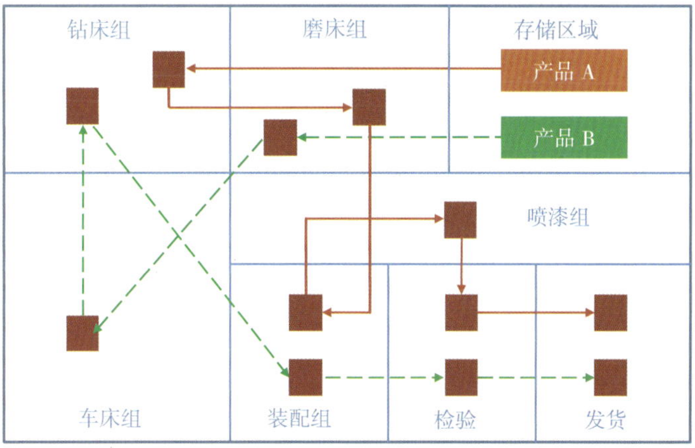

图 2-1-7　工艺原则布置示意图

图 2-1-8　磨削加工工段

图 2-1-9　车削加工工段

表 2-1-4　工艺布置原则优缺点对比表

优　点	缺　点
① 机器利用率高 ② 设备和人员的柔性程度高，更改产品品种和数量方便 ③ 设备投资相对较少 ④ 操作人员作业多样化	① 物流量大 ② 生产计划与控制较复杂 ③ 搬运距离长，有回流，生产周期长，搬运设备自动化程度低 ④ 库存量相对较大 ⑤ 员工技能要求高

4. 成组原则布置（混合布置）

成组技术布局，也称单元式布局，如图 2-1-10 所示。它是指将不同的机器组成加工中心（工作单元）来对形状和工艺相似的零件进行加工。其介于产品原则布置和工艺原则布置之间，适应于中小批量生产。

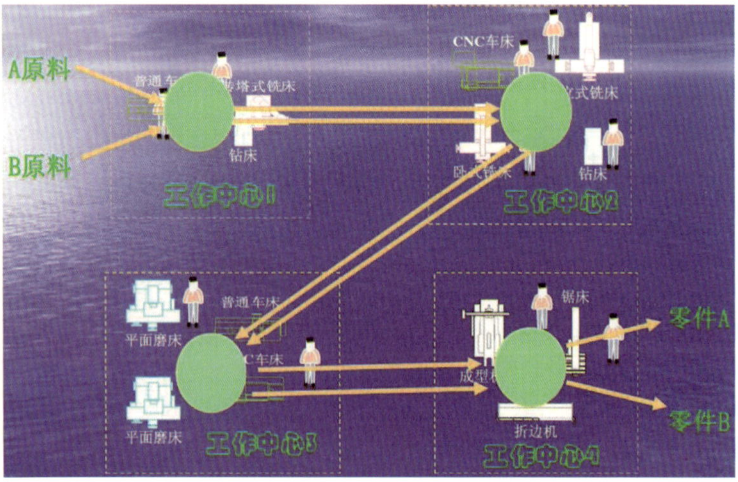

图 2-1-10　单元式布局示意图

(1) 成组原则布置的优点

改善人际关系，发挥班组合作精神；

提高操作技能；

减少在制品和物料搬运；

缩短生产准备时间；

兼有产品原则布置和工艺原则布置的优点。

(2) 成组原则布置的缺点

需要较高的生产控制水平以平衡各单元之间的生产流程；

若单元间流程不平衡，需中间储存，增加了物料搬运；

班组成员需掌握所有作业技能；

减少了使用专用设备的机会。

(二) 服务设施的三种基本的布置形式

(1) 零售店布置

(2) 办公室布置

(3) 仓库布置

(三) 生产设施几种不同布置类型的特征

各种布置形式的特征见表 2-1-5 所列。

表 2-1-5　各种布置形式的特征

布置形式	生产时间	在制品	技术水平	产品柔性	机器利用率	工人利用率	单位产品成本	维护性	设备投资规模
产品原则布置	短	低	低	低	高	高	低	难	大
工艺原则布置	长	高	高	高	中低	高	高	易	小
成组原则布置	短	低	中高	中高	中高	高	低	中	中
定位式布置	中	中	混合	高	中	中	高	—	—

(四) *P*—*Q* 分析

1. 符合“二八原则”的（*P*—*Q* 分析），如图 2-1-11 所示。

2. 产品品种—产量分析（*P*—*Q* 分析），如图 2-1-12 所示。

(五) 设施布置的基本流动模式

1. 影响流动模式的因素

(1) 出入口

(2) 厂址或建筑物的尺寸

(3) 生产流程特点和生产线长度

(4) 通道的设置

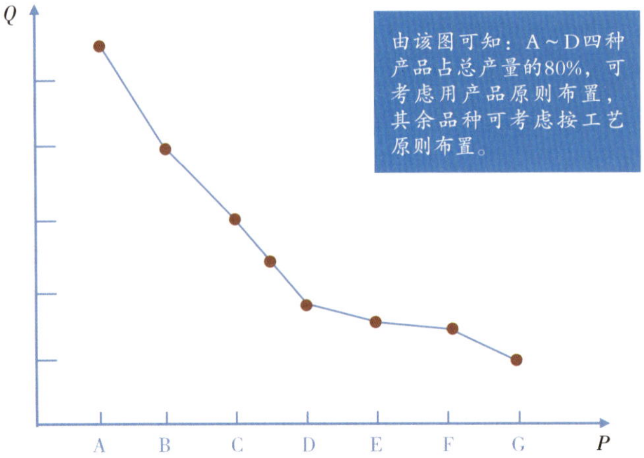

图 2-1-11　“二八原则”的 *P*—*Q* 分析图

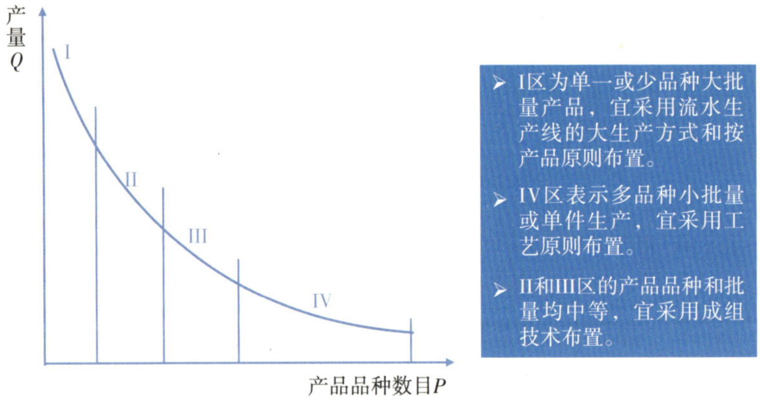

图 2-1-12　产品品种—产量分析（*P*—*Q* 分析）图

（5）运输的方式及其机械化程度

（6）储存的要求

（7）发展的需求

2. 五种基本的流动模式

表 2-1-6　五种基本的流动模式

流动模式类型	示意图	特　点
直线形	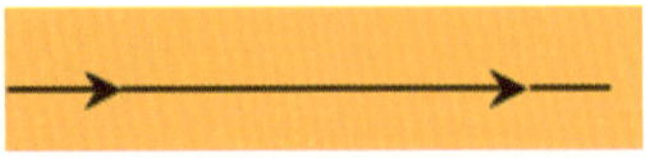	直线形是最简单的一种流动模式，入口与出口位置相对，建筑物只有一跨，外形为长方形，设备沿通道两侧布置
L形		适用于现有设施或建筑物不允许直线流动的情况，设备布置与直线形相似，入口与出口分别处于建筑物两相邻侧面

（续表）

流动模式类型	示意图	特　点
U形		最大的好处是收发口在同一位置，有利于物料搬运，人员、搬运设备和站台都可以只建一个，形成既不占很大空间又具有高速度的生产线。它能减少工人数量，还是一种有利于JIT布置的物流模式，工人位于U形的中心，因而可以互相看到彼此的进展且易于合作
环形	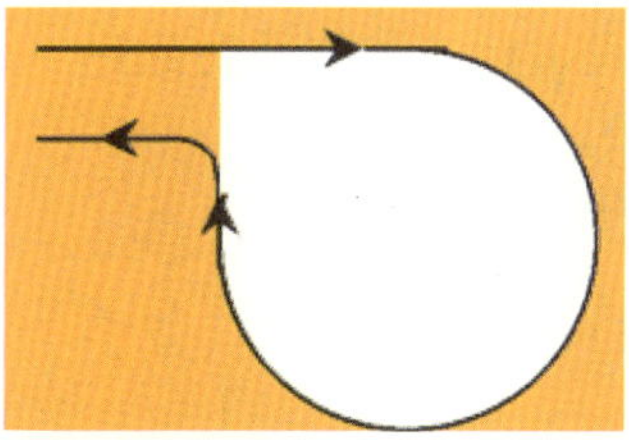	适用于要求物料返回到起点的情况，常见于由物料搬运机器人服务的制造单元中
S形	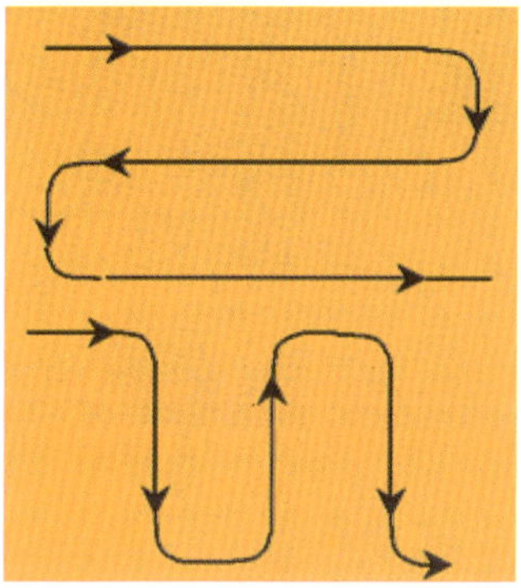	常用于长的流水装配线布置，如汽车装配线

第六节　工厂布局的基本原始资料

工厂布局的基本原始资料分为主要的原始资料和次要的原始资料。主要的原始资料是关于产品及其生产纲领和生产工艺过程。次要的原始资料为支持生产的辅助服务部门和时间的安排。

一、工厂布局的基本原始资料（系统布置五要素）

1. *P*（Product）产品（或材料或服务）
2. *Q*（Quantity）数量、产量
3. *R*（Route）生产路线（工艺过程）
4. *S*（Supporting Service）辅助服务部门
5. *T*（Time）时间（或时间安排）

P、Q、R 是物流分析的基础，P、Q、S 是作业单位相互关系分析的基础，同时 T 对物流分析与作业单位相互关系分析都有影响。

二、其他资料

1. 城市规划
2. 外部协作条件
3. 交通运输条件
4. 地质水文条件
5. 自然气候条件
6. 关于职业安全和卫生、环境保护等方面规程、标准和技术规范等

练习与思考

1. 设施布置的主要内容包括哪些？
2. 设施布置的目标是如何划分的？
3. 请具体说明设施布置的决策依据有哪些？
4. 生产设施有哪几种基本的布置形式？
5. 请说明工厂布局的基本原始资料有哪些？

第二章　系统化布置设计（SLP）的流程和方法

系统化布置设计（Systematic Layout Planning，SLP）是一种条理性很强、物流分析与作业单位关系密切程度分析相结合、求得合理布置的技术，因此在布置设计领域获得极其广泛的运用。国内在 20 世纪 80 年代以后引进了这一理论，收效非常显著。而计算机辅助设施布置方法利用计算机的强大功能，帮助人们解决设施布置的复杂任务，为生产系统的设施新建和重新布置提供强有力的支持和帮助，节省了大量人力和财力，尤其是对大型项目以及频繁的重新布置。

系统布置设计 SLP 法将研究设施布置问题的依据和切入点归纳为 P（产品）、Q（产量）、R（工艺过程）、S（辅助部门）、T（时间）5 个基本要素。采用 SLP 法进行企业总平面布置的首要工作是对各作业单位之间的相互关系做出分析，包括物流和非物流的相互关系，经过综合得到作业单位相互关系表。然后，根据相互关系表中作业单位之间相互关系的密切程度，决定各作业单位之间距离的远近，安排各作业单位的位置，绘制作业单位位置相关图。将各作业单位实际占地面积与作业单位位置相关图结合起来，形成作业单位面积相关图。通过作业单位面积相关图的修正和调整，得到数个可行的布置方案，然后采用加权因素对各方案进行评价择优，并对每个因素进行量化，以得分最多的布置方案作为最佳布置方案。

第一节　阶段结构与程序模式

一、阶段结构

系统布置设计采用四个阶段进行，称为“布置设计四阶段”，如图 2－2－1 所示。

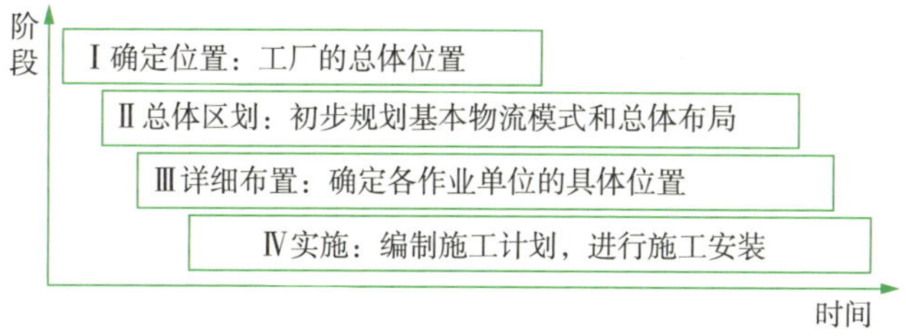

图 2－2－1

二、系统布置设计程序

系统布置设计程序如，图 2-2-2 所示。

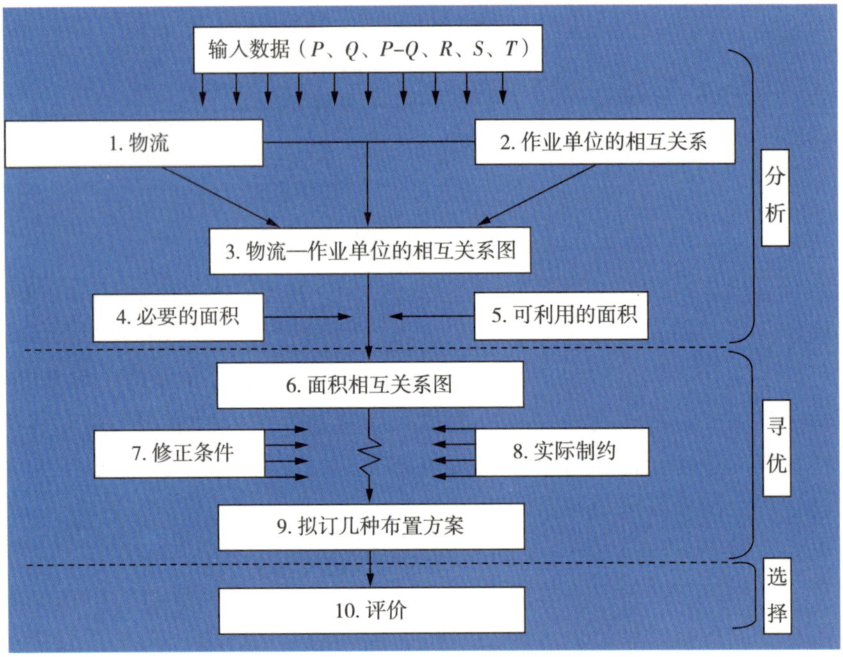

图 2-2-2　系统布置设计程序

第二节　物流分析（R 分析）

物流分析主要是工艺流程分析，是工厂布局的前提。工艺流程是指零件在生产过程中在整个工厂中的移动路径。物流分析在考察零件流程的同时也在尽力使零件的移动距离、返回次数、交叉运输、生产费用等最小。物流分析可采用工艺过程图分析、多种产品工艺过程图、从——至表、物流相关表等方法。

一、工艺过程图

工艺过程图描述产品生产过程中各工序之间的关系，或者是全厂各部门之间的工艺流程。

如图 2-2-3 所示，是标注出物流强度的工艺过程图。物流强度也称物流量，是在一定时期内，如每天或每月的物料移动量，可用重量、体积、托盘或货箱来表示。

我们以电瓶叉车总装厂为例，说明如何运用工艺过程图来进行物流分析的方法与步骤：

（1）变速器的加工与组装；

（2）随车工具箱的加工；

（3）车体加工；

（4）液压缸加工。

步骤（1）～（4）的工艺过程如图 2-2-3 所示。

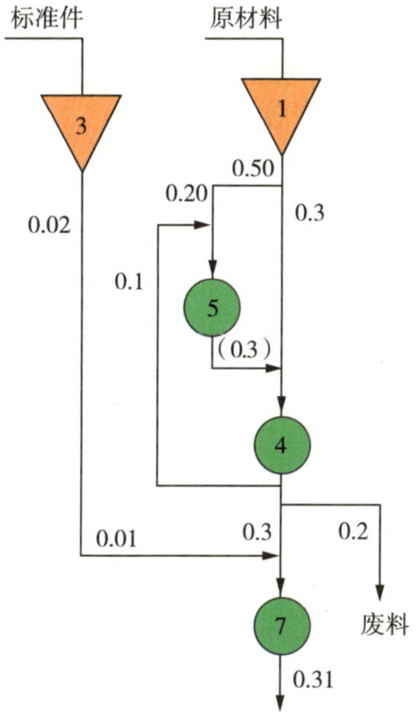

（1）变速器加工工艺过程图（单位：t）

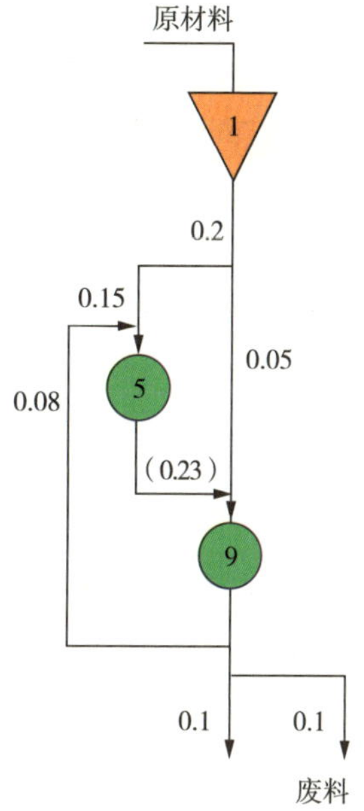

（2）随车工具箱加工工艺过程图（单位：t）

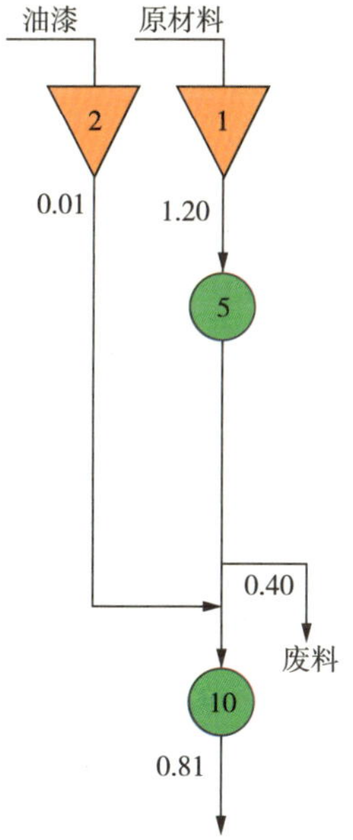

（3）车体加工工艺过程图（单位：t）

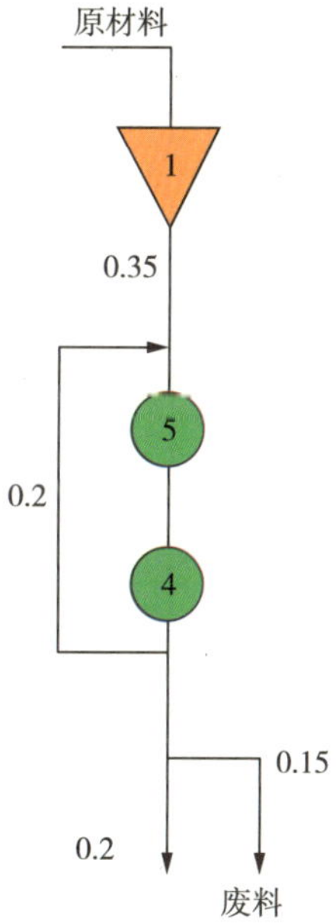

（4）液压缸加工工艺过程图（单位：t）

图 2-2-3　各零件加工的工艺过程图

1. 原材料库；2. 油料库；3. 标准件、外购件库；4. 机加工车间；5. 热处理车间；
6. 焊接车间；7. 变速器车间；8. 总装车间；9. 工具车间；10. 油漆车间；
11. 试车车间；12. 成品库；13. 办公服务楼；14. 车库

将上述机加工阶段、总装、试车、成品储存阶段工艺流程绘制在一起，就得到了叉车总装厂全厂工艺过程图，如图 2-2-4 所示。

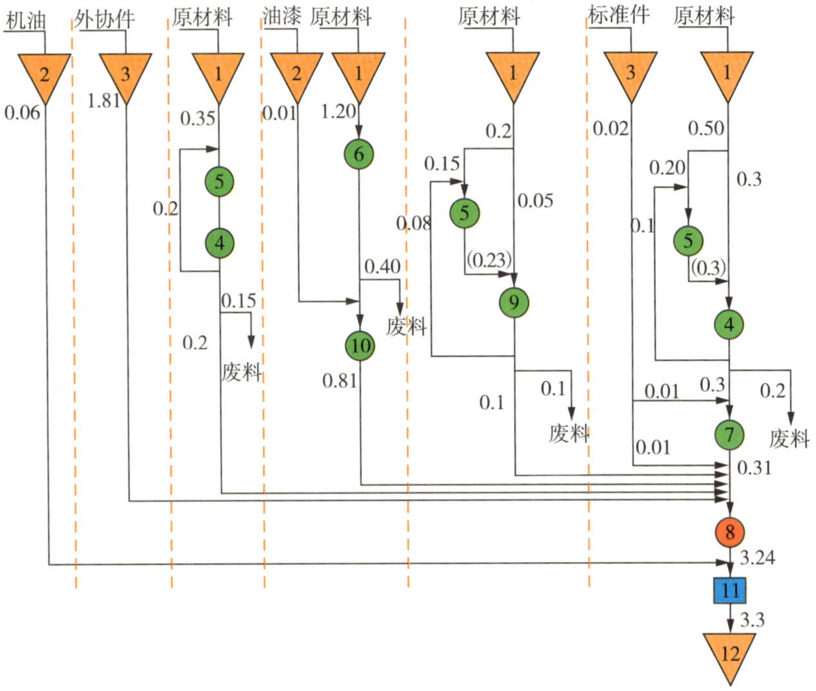

图 2-2-4 叉车总装厂全厂工艺过程图（单位：t）

1. 原材料库；2. 油料库；3. 标准件、外购件库；4. 机加工车间；5. 热处理车间；6. 焊接车间；7. 变速器车间；8. 总装车间；9. 工具车间；10. 油漆车间；11. 试车车间；12. 成品库；13. 办公服务楼；14. 车库

二、多种产品工艺过程图

当有几种产品时，最好各自编制一张工艺过程图。但当产品种类较多需要编制多张（如 5 张以上）时，最好采用多种产品工艺过程图，在不需要装配时更为适用，如图 2-2-5 所示。

三、从——至表（From——To Chart）

当产品或零件非常多时，可以用从——至表进行分析。从——至表是指从一个工作地到另一个工作地搬运次数的汇总表。表的列为起始工序，行为终止工序，对角线右上方数字表示按箭头前进的搬运次数之和，对角线左下方数字表示按箭头后退的搬运次数之和。

运用从——至表，可以一目了然地进行作业单位之间的物流分析。例如将每个产品或零件在两个作业单位之间的移动，分别用字母表示产品或零件，数字代表搬运问题，填入两个作业单位横行和竖行相交的方格内，需要注意，从图表的左上角至右下角，画一条对角线，零件前进记在右上方，退回记在左下方，见表 2-2-1、表 2-2-2 所列。

工号	工序	轴	凸轮	法兰盘	弹簧套
1	锯床	①	①	①	②
2	钻床	②		③	①
3	车床	③	②	②	③
4	卧铣			④	④
5	立铣	④	③		
6	热处理	⑤	④		
7	外圆磨		⑥		⑤
8	内圆磨	⑥	⑤		⑥
9	检验		⑦	⑤	⑦

图 2-2-5 多种产品工艺过程图

表 2-2-1 作业单位距离从至表（单位：m）

从＼至	原料	锯床	车床	钻床	铣床	检验	包装	成品
原料		8	20	36	44	30	18	10
锯床	8		12	28	36	22	10	18
车床	20	12		16	24	10	22	30
钻床	36	28	16		8	18	30	44
铣床	44	36	24	8		26	38	36
检验	30	22	10	18	26		12	20
包装	18	10	22	30	38	12		8
成品	10	18	30	38	46	20	8	

P—*Q* 关系决定了所采用的初步物流分析的方式：当产品品种很少但产量很大时，应采用工艺过程图进行物流分析；随着产品品种增加，可以利用多种产品工艺过程表或从至表来统计具体物流量的大小。

表 2-2-2 产品及物流量从至表（单位：t）

从＼至	原料	锯床	车床	钻床	铣床	检验	包装	成品	合计
原料		AC104		C108					212
锯床			C60		A288				348
车床				C80	AB264				344
钻床			B48		C40	A144			232
铣床				A64		ABC416			480
检验			A80				ABC192		272
包装								ABC128	128
成品									0
合计	0	104	188	252	592	560	192	128	2016

四、物流相关表

在采用 SLP 法进行工厂布置时，不必关心各作业单位对之间具体的物流强度，而是通过划分等级的方法，来研究物流状况，在此基础上，引入物流相关表，以简洁明了的形式表示工厂总体物流状况。

（一）划分物流强度等级

由于直接分析大量物流数据比较困难，而且也没必要，因此，SLP 中将物流强度转化为 5 个等级，分别用符号 A、E、I、O、U 表示，见表 2-2-3 所列。

表 2-2-3 物流强度等级比例划分表

物流强度等级	符号	物流路线比例（%）	承担物流量比例（%）
超高物流强度	A	10	40
特高物流强度	E	20	30
较大物流强度	I	30	20
一般物流强度	O	40	10
可忽略搬运	U		

（二）物流强度汇总表

根据产品的工艺过程和物流从至表，统计各单位之间的物流强度，并将物流强度汇总到物流强度汇总表，见表 2-2-4 所列。

表 2－2－4　物流强度汇总表（单位：t）

序号	作业单位对	物流强度	序号	作业单位对	物流强度
1（1—2）	原料—锯床	104	8（4—5）	钻床—铣床	40
2（1—4）	原料—钻床	108	9（4—6）	钻床—检验	144
3（2—3）	锯床—车床	60	10（5—4）	铣床—钻床	64
4（2—5）	锯床—铣床	288	11（5—6）	铣床—检验	416
5（3—4）	车床—钻床	80	12（6—3）	检验—车床	80
6（3—5）	车床—铣床	264	13（6—7）	检验—包装	192
7（4—3）	钻床—车床	48	14（7—8）	包装—成品	128

（三）物流强度分析表

作业单位对（或称为物流路线）的物流强度等级，应按物流路线比例或承担的物流量比例来确定。利用统计的物流量，按由小到大的顺序绘制物流强度分析，见表2－2－5所列，表中未出现的作业单位之间不存在固定的物流，因此，物流强度等级为 U 级。

表 2－2－5　物流强度分析表

序号	作业单位对	物流强度	物流强度等级
1	5－6		A
2	2－5		E
3	3－5		E
4	6－7		E
5	4－6		I
6	7－8		I
7	4－3		I
8	1－4		I
9	1－2		O
10	4－5		O
11	6－3		O
12	2－3		O

（四）绘制原始物流相关表

原始物流相关表是仿照从——至表结构，简单明了地表示所有作业单位之间的物流相互关系，构造的一种作业单位之间物流相互关系的表，见表 2－2－6 所列。

表 2-2-6 原始物流相关表

从＼至		1 原料	2 锯床	3 车床	4 钻床	5 铣床	6 检验	7 包装	8 成品
1	原料		O	U	I	U	U	U	U
2	锯床	O		O	U	E	U	U	U
3	车床	U	O		I	E	O	U	U
4	钻床	I	U	I		O	I	U	U
5	铣床	U	E	E	O		A	U	U
6	检验	U	U	O	I	A		E	U
7	包装	U	U	U	U	U	E		I
8	成品	U	U	U	U	U	U	I	

（五）绘制物流相关表

原始物流相关表得到的是右上三角矩阵表格与左下三角矩阵表格对称的方阵表格，除掉多余的左下三角矩阵表格，将右上三角矩阵变形，就得到 SLP 中著名的物流相关表，见表 2-2-7 所列。

表 2-2-7 物流相关表

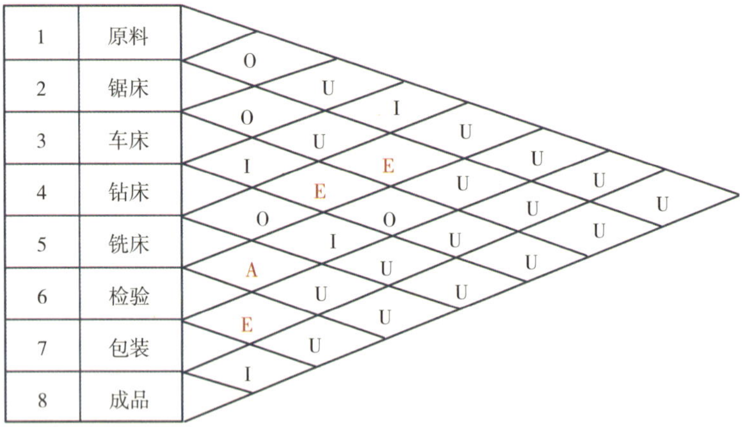

第三节 作业单位相互关系分析

设施布置设计要根据部门之间在工艺流程如业务往来中的密切程度，决定相互位置各部门（作业单位）之间存在着物流关系、非物流关系。

当物流对生产影响不大或没有固定的物流时，工厂布置就不能依赖于物流分析，需要进行作业单位间非物流关系分析。

物流关系可以用物流强度来表示两个作业单位之间的关系密切程度，非物流关系无法定量表示，只能通过定性分析加以区分。

一、属于非物流因素的情况

① 一些电子或宝石工厂，需要运输的物料很少，物流相对不很重要；有的工厂物料主要用管道输送。

② 辅助设施与生产部门之间常常没有物流关系，必须考虑其间的密切关系。

③ 在纯服务性设施中，如办公室、维修间内，常常没有真正的或固定的物流，确定它们之间的关系，要采用其他通用规则，而不是物流。

④ 在某些特殊情况下，工艺过程也不是布置设计的唯一依据。

二、作业单位间相互关系密切程度的典型影响因素

作业单位间相互关系密切程度的典型影响因素一般可以考虑以下方面：

a. 物流

b. 工艺流程

c. 作业性质相似

d. 使用相同的设备

e. 使用同一场所

f. 使用相同的文件档案

g. 使用相同的公用设施

h. 使用同一组人员

i. 工作联系频繁程度

j. 监督和管理方便

k. 噪声、振动、烟尘、易燃易爆危险品的影响

三、作业单位相互关系等级的划分

划分作业单位相互关系等级，见表 2-2-8 所列。

表 2-2-8　作业单位相互关系等级表

符号	含义	说　明	比例（%）
A	绝对重要	红色量化值 4，线条 4	2～5
E	特别重要	橘色量化值 3，线条 3	3～10
I	重要	绿色量化值 2，线条 2	5～15
O	一般密切程度	蓝色量化值 1，线条 1	10～25
U	不重要	无色量化值 0，线条无	45～80
X	负的密切程度	不希望接近、酌情而定 棕色量化值－1，折线 1	

四、作业单位相互关系表的构建

（一）建立基准相互关系

构建作业单位相互关系表首先建立基准相互关系，见表 2-2-9 所列。

表 2-2-9 基准相互关系

字母	一对作业单位	关系密切程度的理由
A	钢材库和剪切区域 最后检查和包装 清理和油漆	搬运物料的数量 类似的搬运问题 工艺流程连续性 使用相同的人员、公用设施、管理方式和相同形式的建筑物
E	接待和参观者停车处 金属精加工和焊接 维修和部件装配	方便、安全 搬运物料的数量和形状 服务的频繁和紧急程度
I	剪切区和冲压机 部件装配和总装配 保管室和财会部门	搬运物料的数量 搬运物料的体积、共用相同的人员 报表运送、安全、方便
O	维修和接收 废品回收和工具室 收发室和厂办公室	产品的运送 共用相同的设备 联系频繁程度
U	维修和自助食堂 焊接和外购件仓库 技术部门和发运	辅助服务不重要 接触不多 不常联系
X	焊接和油漆 焚化炉和主要办公室 冲压车间和工具车间	灰尘、火灾 烟尘、臭味、灰尘 外观、振动

（二）列出作业单位相互关系密切理由

列出作业单位相互关系密切理由，见表 2-2-10 所列。

表 2-2-10 作业单位相互关系密切理由

编号	理由	编号	理由
1	工作流程连续性	2	生产服务
3	物料搬运	4	管理方便
5	安全与污染	6	共用设备及辅助动力源
7	振动、噪音等	8	人员联系

（三）建立非物流作业单位相互关系表

建立非物流作业单位相互关系表，见表 2－2－11 所列。利用与物流相关表相同的表格形式，菱形框上半部分为密切关系等级代码，下半部分为理由代码。

表 2－2－11　作业单位非物流关系表

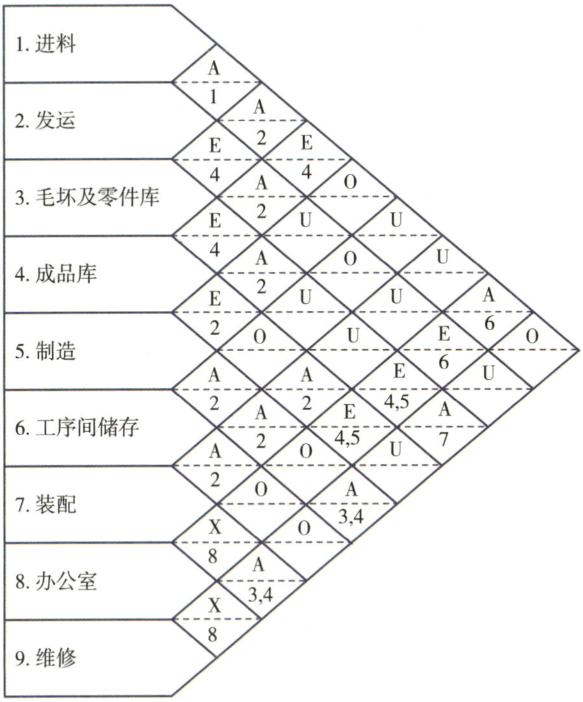

字母	密切程度
A	绝对必要
E	特别重要
I	重要
O	一般
U	不重要
X	不希望

编码	理由
1	使用同一站台
2	物流
3	服务
4	方便
5	库存控制
6	联系
7	零件流动
8	清洁

五、作业单位综合相互关系表

在大多数工厂中，各作业单位之间既有物流联系也有非物流的联系，两作业单位之间的相互关系应包括物流关系与非物流关系，因此在 SLP 中，要将作业单位间物流的相互关系与非物流的相互关系进行合并，求出合成的相互关系——综合相互关系，然后从各作业单位间的综合相互关系出发，实现各作业单位的合理布置。按照下列步骤求得作业单位综合相互关系表：

（1）进行物流分析，求得作业单位物流相关表。

（2）确定作业单位间非物流相互关系影响因素及等级，求得作业单位相互关系表。

（3）确定物流与非物流相互关系的相对重要性。物流与非物流相互关系的相对重要性比值 $m:n$ 不应超过 1∶3～3∶1。当比值小于 1∶3 时，说明物流对生产的影响非常小，工厂布置时只需考虑非物流的相互关系；当比值大于 3∶1 时，说明物流关系占主导地位，工厂布置时只需考虑物流相互关系的影响。实际工作中，根据物流与非物流相互关系的相对重要性，取 $m:n=3:1$，2∶1，1∶1，1∶2，1∶3。$m:n$ 称为加权值。

（4）量化物流强度等级和非物流的密切程度等级。一般，取 A＝4，E＝3，I＝2，O＝1，U＝0，X＝－1。

（5）计算量化的作业单位综合相互关系。设任意两个作业单位分别为 A_i 和 A_j，其物流相互关系等级为 MR_{ij}，非物流的相互关系密切程度等级为 NR_{ij}，则作业单位 A_i 与 A_j 之间的综合相互关系密切程度 TR_{ij} 为：

$$TR_{ij}=mMR_{ij}+nNR_{ij}$$

（6）综合相互关系等级划分。TR_{ij} 是一个量值，需要经过等级划分，才能建立与物流相关表相似的、符号化的作业单位综合相互关系表。综合相互关系的等级划分为 A、E、I、O、U、X，各级对 TR_{ij} 值逐渐递减，且各级别的作业单位对数应符合一定的比例，见表 2－2－12 所列。需要说明的是，将物流与非物流相互关系进行合并时，应该注意 X 级关系密级的处理，任何一级物流密级与 X 级非物流关系密级合并时，不应超过 O 级。对于某些极不希望靠近的作业单位之间的相互关系，可以定为 XX 级。

表 2－2－12　综合相互关系等级与划分比例

关系密切程度等级	符号	作业单位配对比例
绝对必要靠近	A	1%～3%
特别重要靠近	E	2%～5%
重要	I	3%～8%
一般	O	5%～15%
不重要	U	20%～85%
不希望靠近	X	0%～10%

（7）经过调整，建立综合相互关系表。

（8）建立作业单位综合相互关系图例。

以叉车厂为例，来看一下如何建立作业单位综合相互关系图。

① 加权值选取。加权值大小反映工厂布置时考虑方面的侧重点，对于叉车总装厂来说，物流影响并不明显大于其他因素的影响，因此取加权值 $m:n=1:1$。

② 综合相互关系计算。根据各作业单位对之间物流与非物流关系等级高低进行量化及加权求和，求出综合相互关系，见表 2－2－13 所列。

注：当作业单位总量为 N 时，总的作业单位配对数 P 可用下式计算，即：

$$P=N\ (N-1)\ /2$$

对于该题，$N=14$，故有 91 个作业单位配对。

③ 划分关系密级。在表 2－2－13 中，综合关系分值取值范围为－1～8，按表 2－2－13 统计出各分值段作业单位对的比例，参考表 2－2－12 划分综合关系密级。当分值为 7～8时，综合相互关系定为 A 级；分值为 4～6 时，综合相互关系定为 E 级；分值为 2～3时，综合相互关系定为 I 级；分值为 1 时，综合相互关系定为 O 级；分值为 0 时，综合相互关系定为 U 级；分值为－1 时，综合相互关系定为 X 级。

表 2-2-13　叉车厂作业单位综合相互关系计算表

序号	作业单位对	关系密切程度				综合关系	
		物流关系（加权值：1）		非物流关系（加权值：1）			
		等级	分值	等级	分值	分值	等级
1	1-2	U	0	E	3	3	I
2	1-3	U	0	E	3	3	I
3	1-4	I	2	I	2	4	E
4	1-5	E	3	I	2	5	E
5	1-6	E	3	E	3	6	E
6	1-7	U	0	U	0	0	U
7	1-8	U	0	U	0	0	U

序号	作业单位对	综合关系		序号	作业单位对	综合关系		序号	作业单位对	综合关系	
		分值	等级			分值	等级			分值	等级
31	3-9	0	U	52	5-11	0	U	73	8-11	7	A
32	3-10	0	U	53	5-12	0	U	74	8-12	0	U
33	3-11	0	U	54	5-13	-1	X	75	8-13	3	I
34	3-12	0	U	55	5-14	0	U	76	8-14	2	I
35	3-13	0	U	56	6-7	0	U	77	9-10	0	U
36	3-14	2	I	57	6-8	0	U	78	9-11	0	U
37	4-5	7	A	58	6-9	0	U	79	9-12	0	U
38	4-6	1	O	59	6-10	2	U *	80	9-13	1	O

（表中只填部分，后面的照推）

应该注意：综合相互关系是合理的，应该是作业单位之间物流的相互关系与非物流的相互关系的综合体现。不应该与前两种相互关系相矛盾，如作业单位 6 与 10 之间物流关系为 E 级，而非物流关系为 X 级，计算结果为 I 级，也就是说出现了重要的关系密级，与 X 级的非物流相互关系相矛盾，这显然是不合理的，应最后调整为 U 级。

进一步统计各级作业单位对综合相互关系比例见表 2-2-14 所示。

表 2-2-14　叉车厂作业单位综合相互关系等级划分表

总分	关系等级	作业单位对数	百分比（%）
7～8	A	3	3.3
4～6	E	9	9.9
2～3	I	18	19.8
1	O	8	8.8

（续表）

总分	关系等级	作业单位对数	百分比（%）
0	U	46	50.5
－1	X	7	7.7
合计		91	100

④ 建立作业单位综合相互关系表。将表 2－2－13 中的综合相互关系总分转化为关系密切等级后，绘制成作业单位综合相互关系表，见表 2－2－15 所列。

表 2－2－15 作业单位综合相互关系表

序号	作业单位名称	2	3	4	5	6	7	8	9	10	11	12	13	14
1	原材料库	I	I	E	E	E	U	U	I	U	U	U	U	I
2	油料库		I	U	X	X	U	U	U	E	O	U	X	I
3	标准件、外购件库			U	U	U	I	E	U	U	U	U	U	I
4	机加工车间				A	O	E	I	I	U	O	U	I	U
5	热处理车间					U	U	U	E	X	U	U	X	U
6	焊接车间						U	U	U	U	U	U	X	O
7	变速器车间							E	U	U	I	U	I	O
8	总装车间								I	E	A	U	I	I
9	工具车间									U	U	U	O	U
10	油漆车间										U	U	X	U
11	试车车间											A	O	U
12	成品库												O	I
13	办公服务楼													I
14	车库													

第四节 作业单位位置相关图

在 SLP 中，工厂总平面布置并不直接去考虑各作业单位的建筑物占地面积及其外形几何形状，而是从各作业单位间相互关系密切程度出发，安排各作业单位之间的相对位置，关系密级高的作业单位之间距离近，关系密级低的作业单位之间距离远，由此形成作业单位位置相关图。

一、作业单位综合接近程度计算

所谓某一作业单位综合接近程度等于该作业单位与其他所有作业单位之间量化后的关系密级分值的总和。这个值的高低，反映了该作业单位在布置图上是应该处于中心位置还是应该处于边缘位置。也就是说，综合接近程度高的作业单位与大多数作业单位都比较接近，当然，这个作业单位就应该处于布置图的中央位置，反之，这个作业单位就应该处于布置图的边缘。

计算步骤：

① 作业单位综合相互关系图，变换成右上三角矩阵与左下三角矩阵表格对称的方阵表格。

② 然后量化关系密级，并按行或列累加关系密级分值，其结果就是某一作业单位的综合接近程度。

表 2－2－16 所列就是电瓶叉车厂作业单位综合接近程度计算结果。

表 2－2－16（a）　电瓶叉车厂作业单位合接近程度计算结果

作业单位代号	1	2	3	4	5	6	7	8	9	10	11	12	13	14
1		I	I	E	E	E	U	U	I	U	U	U	U	I
2	I		I	U	X	X	U	U	U	E	O	U	X	I
3	I	I		U	U	U	I	E	U	U	U	U	U	I
4	E	U	U		A	O	E	I	I	U	O	U	I	U
5	E	X	U	A		U	U	U	E	X	U	U	X	U
6	E	X	U	O	U		U	U	U	U	U	U	X	O
7	U	U	I	E	U	E		E	U	U	I	U	I	O
8	U	U	E	I	U	U	I		I	E	A	U	I	I
9	I	U	U	I	E	U	E	I		U	U	U	O	U
10	U	E	U	U	X	I	A	E	U		U	U	X	U
11	U	O	U	O	U	U	I	A	U	U		A	O	U
12	U	U	U	U	U	U	U	U	U	U	A		O	I
13	U	X	U	I	X	X	I	I	O	X	O	O		I
14	I	I	I	U	U	O	O	I	U	U	U	I	I	
综合接近程度	17	7	11	18	7	3	13	21	10	4	13	7	7	14
排序	3	12	7	2	11	14	5	1	8	13	6	10	9	4

表 2-2-16（b） 叉车总装厂综合接近程度排序表

作业单位代号	1	2	3	4	5	6	7	8	9	10	11	12	13	14
1		I 2	I 2	E 3	E 3	E 3	U 0	U 0	I 2	U 0	U 0	U 0	U 0	I 2
2	I 2		I 2	U 0	X −1	X −1	U 0	U 0	U 0	E 3	O 1	U 0	X −1	I 2
3	I 2	I 2		U 0	U 0	U 0	I 2	E 3	U 0	U 0	U 0	U 0	U 0	I 2
4	E 3	U 0	U 0		A 4	O 1	E 3	I 2	I 2	U 0	O 1	U 0	I 2	U 0
5	E 3	X −1	U 0	A 4		U 0	U 0	U 0	E 3	X −1	U 0	U 0	X −1	U 0
6	E 3	X −1	U 0	O 1	U 0		U 0	U 0	U 0	U 0	U 0	U 0	X −1	O 1
7	U 0	U 0	I 2	E 3	U 0	E 3		E 3	U 0	U 0	I 2	U 0	I 2	O 1
8	U 0	U 0	E 3	I 2	U 0	U 0	I 2		I 2	E 3	A 4	U 0	I 2	I 2
9	I 2	U 0	U 0	I 2	E 3	U 0	E 3	I 2		U 0	U 0	U 0	O 1	U 0
10	U 0	E 3	U 0	U 0	X −1	I 2	A 4	E 3	U 0		U 0	U 0	X −1	U 0
11	U 0	O 1	U 0	O 1	U 0	U 0	I 2	A 4	U 0	U 0		A 4	O 1	U 0
12	U 0	U 0	U 0	U 0	U 0	U 0	U 0	U 0	U 0	U 0	A 4		O 1	I 2
13	U 0	X −1	U 0	I 2	X −1	X	I 2	I 2	O 1	X −1	O 1	O 1		I 2
14	I 2	I 2	I 2	U 0	U 0	O 1	O 1	I 2	U 0	U 0	U 0	I 2	I 2	
综合接近程度	17	7	11	18	7	3	13	21	10	4	13	7	7	14
排序	3	12	7	2	11	14	5	1	8	13	6	10	9	4

二、作业单位位置相关图

在作业单位位置相关图中，采用符号来表示作业单位，见表 2-2-17 所列，可以利用表中推荐的颜色来绘制作业单位，以使图形更直观。

作业单位之间的相互关系用相互之间的连线类型来表示，见表 2-2-18 所列。表中实线连线多表示作业单位相对位置应该彼此接近，而波浪线可以形象化地理解为弹簧，将连线两端的作业单位彼此推开。同样可以利用表中推荐的颜色来绘制连线。

有时，为了绘图简便，往往用○内标注号码来表示作业单位，而不严格区分作业单位性质，用虚线代替波浪线表示 X 级关系密级。

表 2－2－17　作业单位工作性质符号

作业单位区域	符号	颜色区别
成型或处理加工区		绿
装配区		红
与运输有关的作业区域		橘黄
储存作业区域		橘黄
停放或暂存区域		橘黄
检验、测试区域		蓝
服务及辅助作业区域		蓝
办公室或规划面积		棕（灰）

表 2－2－18　作业单位关系等级表示方式

关系等级	密切程度	线条数	颜色
A	绝对重要		红
E	特别重要		橘黄
I	重要		绿
O	一般		蓝
U	不重要		不着色
X	不希望		棕
XX	极不希望		黑

绘制作业单位位置相关图的步骤：

① 从作业单位综合相互关系表出发，求出各作业单位的综合接近程度，并按其高低将作业单位排序。

② 按图幅大小，选择单位距离长度，并规定：关系密级为 A 级的作业单位对之间距离为一个单位距离长度，E 级为两个单位距离长度，依此类推。

③ 根据综合相互关系级别高低按 A、E、I、O、U 级别顺序先后确定不同级别作业单位位置，而同一级别的作业单位按综合接近程度分值高低顺序来进行布置。应随时检查待布置作业单位与图中已布置的作业单位之间的关系密级，选择适当位置进行布置，出现矛盾时，应修改原有布置。

具体针对电瓶叉车厂来说，绘制作业单位位置相关图步骤如下：

第一步，处理综合相互关系密级为 A 的作业单位对。

① 从作业单位综合相互关系表中取出 A 级作业单位对，有 8－11、4－5、11－12，共涉及 5 个作业单位，按综合接近程度分值排序为 8、4、11、12、5，其中作业单位 5 与 12 的综合接近程度是一样的，其顺序可以任意确定。

② 将综合接近程度分值最高的作业单位 8 布置在位置相关图的中心位置。

③ 处理作业单位对 8－11。将作业单位 11 布置到图中，且与作业单位 8 之间距离为一单位距离，如图 2－2－6（a）所示。

④ 布置综合接近程度分值次高的作业单位 4 的位置。由于作业单位 4 与图上已有的作业单位 8 和 11 均非 A 级关系，则应从综合相互关系表中取出 4－8、4－11 的关系密级，结果分别为 I 级和 O 级，即作业单位 4 与 8 的距离应为 3 个单位距离长度。而作业单位 4 与 11 的距离应为 4 个单位距离长度，可选择如图 2－2－6（b）的位置布置作业单位 4。

⑤ 处理与作业单位 4 有关的 A 级关系 4－5。从综合相互关系表中取出图中已存在的作业单位 8 和 11 与作业单位 5 的关系，均为 U 级。关系密级 U 为不重要的关系，则只重点考虑作业单位 4 和 5 的关系，将作业单位 5 布置到图 2－2－6（c）所示的位置。

⑥ 下一个要处理的作业单位 11，已布置在图上，只需要直接处理与作业单位 11 关系为 A 级的作业单位 12 的位置。从综合相互关系表中取出作业单位 12 与 8、4、5 的关系密级，均为 U 级，综合考虑的结果将作业单位 12 布置在图 2－2－6（d）所示的位置上。

至此，作业单位综合相互关系表中，具有 A 级关系的作业单位对之间的相对位置均已确定。

第二步，处理相互关系为 E 的作业单位对。

① 从综合相互关系表中取出具有 E 级关系的作业单位对，有 1－4、1－5、1－6、2－10、3－8、4－7、5－9、7－8、8－10，涉及的作业单位按综合接近程度分值排序为 8、4、1、7、3、9、5、10、2、6。

② 首先处理与作业单位 8 有关的作业单位 3、7 和 10，布置顺序 7、3 和 10。对于作业单位 7 与图中存在的作业单位 8、4、11、12 和 5 的关系密级分别为 E、E、I、U 和 U，重点考虑较高级的关系，将作业单位 7 布置到图中，而后依次布置作业单位 3 和 10。布置中要特别注意作业单位 10 与 5 之间的 X 级关系密级，应使作业单位 10 与 5 尽量远离。布置结果如图 2－2－6（e）所示。

③ 下一个要处理作业单位 4，与之相关的作业单位对有 1 - 4、4 - 7，作业单位 1 与图中已存在的作业单位 4 和 5 关系密级均为 E 级。由图 2 - 2 - 6（e）可以看出，作业单位 1 难以按其要求布置到作业单位 4 和 5 距离大致相同的位置上，为此必须修改原有布置方案，新的布置方案如图 2 - 2 - 6（f）所示。

④ 处理剩余作业单位。

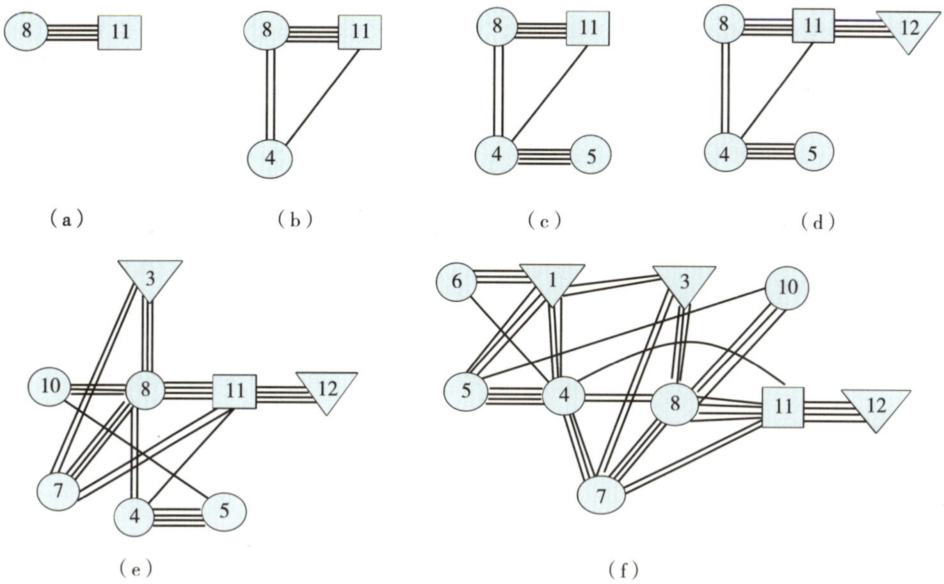

图 2 - 2 - 6　作业单位位置相关图绘制步骤

第三步，分别处理位置相关图中仍未出现的 I、O、U 级作业单位对。

最后，重点调整 X 级作业单位对之间的相对位置，得出最终作业单位位置相关图，如图 2 - 2 - 7 所示。

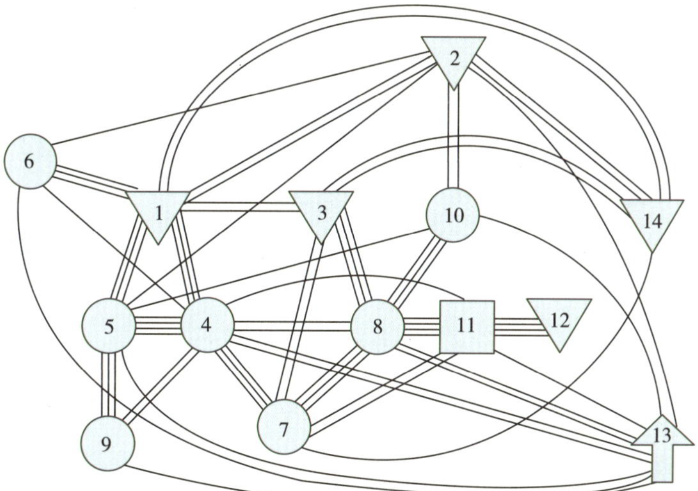

图 2 - 2 - 7　最终作业单位位置相关图

第五节 作业单位面积相关图

一、作业单位面积相关图绘制

将各作业单位的占地面积与其建筑物空间几何形状结合到作业单位位置相关图上，就得到了作业单位面积相关图。

这个过程中，首先需要确定各作业单位建筑物的实际占地面积与外形（空间几何形状）。作业单位的基本占地面积由设备占地面积、物流模式及其通道、人员活动场地等因素决定。

作业单位面积相关图绘制步骤如下：

① 选择适当的绘图比例。

② 将作业单位位置相关图放大到坐标纸上，各作业单位符号之间应留出尽可能大的空间，以便安排作业单位建筑物。为了图面简洁，只需绘出重要的关系，如 A、E 及 X 级连线。

③ 按综合密切程度分值大小顺序，从大到小依次把各作业单位布置到图上。绘图时，以作业单位符号为中心，绘制作业单位建筑物外形。作业单位建筑物一般都是矩形的，可以通过外形旋转角度，获得不同的布置方案。当预留空间不足时，需要调整作业单位位置，但必须保证调整后的位置符合作业单位位置相关图的要求。

④ 经过数次调整与重绘，得到作业单位面积相关图，如图 2－2－8 所示。

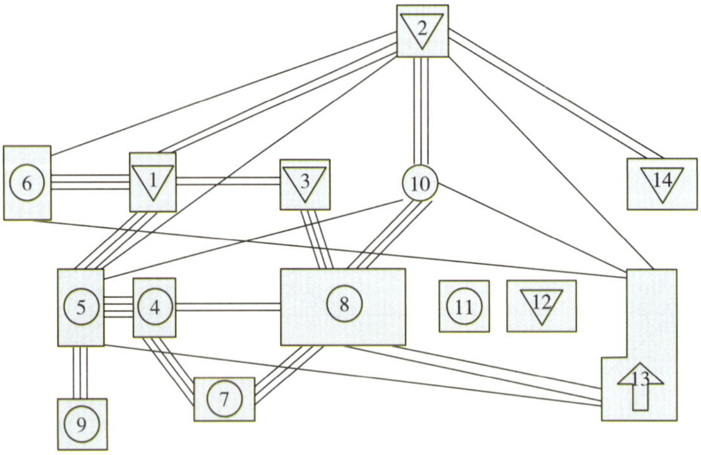

图 2－2－8 作业单位面积相关图

二、作业单位面积相关图的调整

需要考虑的调整因素包括：

① 物料搬运方法

物料搬运方法对布置方案的影响主要包括：搬运设备种类特点、搬运系统基本模式以及运输单元（箱、盘等）。

② 建筑特征

作业单位的建筑物应保证道路的直线性与整齐性、建筑物的整齐规范以及公用管线的条理性。

③ 道路

厂内道路按其功能分为：主干道、次干道、辅助道路、车间引道及人行道。厂内道路除承担运输任务外，还起到划分厂区、绿化美化厂区、排除雨水、架设工程管道等作用，也具备消防、卫生、安全等环境保护功能。因此厂内道路布置设计应该符合有关要求，可参考《厂矿道路设计规范》进行设计。

④ 公用管线布置

工业企业内的管线较多，有水、气（汽）、燃油管道、输电线路以及运输物料及废渣的管渠等，同一种管线又有很多条。各种管线的性质、用途、技术要求各不相同，又往往交织在一起，互相联系又互相影响。它们当中任何一条发生故障，都有可能造成停水、停电、停气（汽）、断料，直接或间接影响生产的正常进行。因此，在布置上要遵循各种管线自身的技术条件要求，满足管线与管线之间、管线与建筑物之间的各种防护间距要求，还应注意节约用地。

⑤ 厂区绿化布置

在条件允许的情况下，厂内空地都应绿化。一般情况下，工厂主要出入口及厂级办公楼所在的厂前区、生产设施周围、交通运输线路一侧或双侧，都是厂区绿化的重点。因此，在进行工厂总平面布置时，应在上述区域留出绿化地带。

⑥ 条件与环境

厂区内外的社会环境、公共交通情况、环境污染等方面因素都会影响布置方案。

为便于与外界联系，常常把所有职能管理部门甚至生活服务部门集中起来，布置在厂门周围，形成厂前区。而厂门应尽可能便于厂内外运输，便于实现厂内道路与厂外公路的衔接。

注重合理利用厂区周围的社会条件，同时要充分考虑自然地理条件，如地形、地质、气象等对工厂布局的影响。

此外还存在一些对布置设计方案有约束作用的其他因素，包括给定厂区的面积、建设成本费用。厂区内现有条件（建筑物）的利用、政策法规等方面的限制因素，这些因素统称为实际条件限制因素。

确定布置设计方案时，同样需要考虑这些因素的影响，根据这些限制因素，进一步调整方案。

三、工厂总平面布置图的绘制

通过考虑多种方面因索的影响与限制，形成了众多的布置方案，抛弃所有不切实际的想法后，保留 2～5 个可行布置方案供选择。

采用规范的图例符号，将布置方案绘制成工厂总平面布置图。

图 2－2－9 所示为叉车厂三种布置方案图。

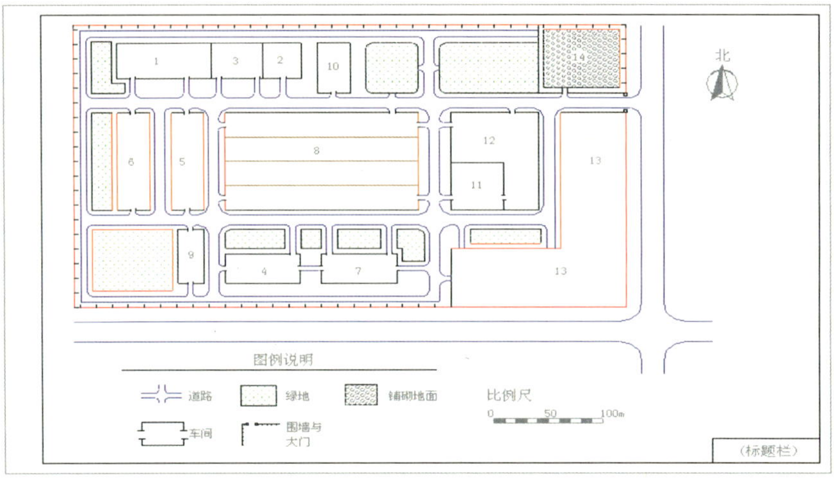

(a)

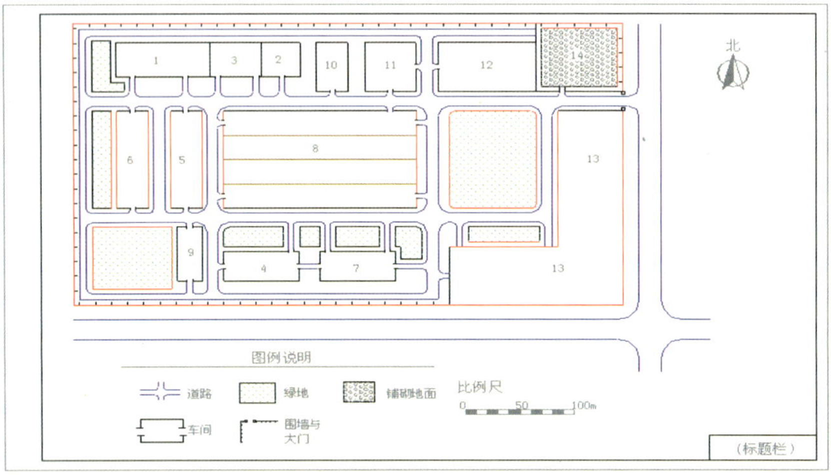

(b)

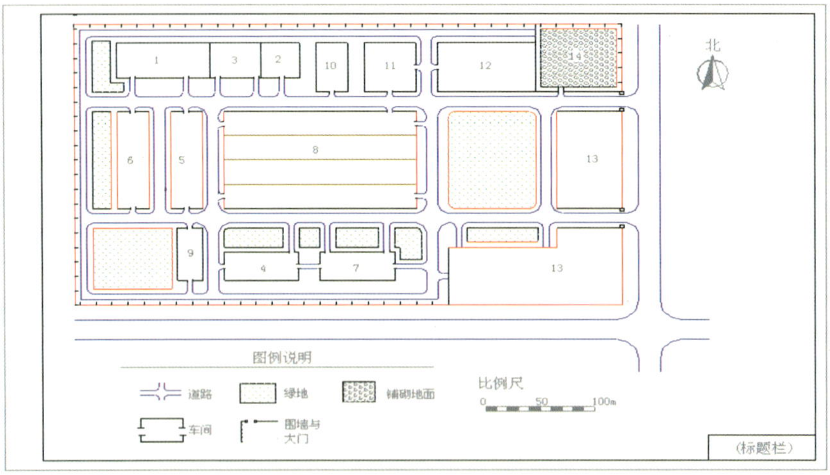

(c)

图 2－2－9

1. 原材料库；2. 油料库；3. 标准件库；4. 机加工车间；5. 热处理车间；6. 焊接车间；7. 变速器车间；8. 总装车间；9. 工具车间；10. 油漆车间；11. 试车车间；12. 成品库；13. 办公楼；14. 车库

第六节 布置方案的评价与选择

布置方案常常从经济因素和非经济因素两个方面进行评价。

一、非经济因素评价

常见的非经济因素有：

(1) 是否易于将来发展；
(2) 工艺过程的适应性；
(3) 灵活性；
(4) 物流的效率；
(5) 物流搬运的效率；
(6) 储存的效率；
(7) 空间利用率；
(8) 辅助服务部门的综合效率；
(9) 工作条件；
(10) 安全性；
(11) 是否易于管理；
(12) 产品质量；
(13) 维修；
(14) 设备利用率；
(15) 是否满足需求能力；
(16) 人员流动；
(17) 是否适应公司的组织机构；
(18) 外观；
(19) 自然条件的利用；
(20) 环境保护等。

非经济因素评价举例：因次分析法，见表 2-2-19 所列。

表 2-2-19 非经济因素评价表

序号	评价因素	权重	现状		方案 A		方案 B	
1	增产可能性	5	2	10	2	10	4	20
2	生产率	10	1.5	15	2	20	2.5	25
3	操作者的效率	3	2	6	5	15	3	9
4	地面面积的节约	5	2	10	3	15	2	10
5	进度管理的难易	10	1	10	3	30	2	20
……	……	……						
合计		100	177.5		224		275	

二、经济因素评价

对于各种布置方案，可以通过工程经济分析，评价其节省费用、投资额及投资回报期等，作为比较选择的基准。至于比较哪些指标最好，没有统一的标准，需要具体情况具体分析。

布置方案的投资回报期计算示例，见表 2-2-20 所列。

表 2-2-20　投资回报期评价

项　　目	方案 A（千元）	方案 B（千元）
机器搬移费用（含停产损失）	50	20
添购新设备费用	58	23
一年的节省费用	60	30
投资回报期（年）	（50＋58）÷60＝1.8	（20＋23）÷30＝1.43

三、方案评价方法

常用的布置方案的评价方法有单项指标比较评价法和综合指标比较评价法。

（一）单项指标比较评价法

单项指标比较评价法包括技术评价方法和经济评价方法。

1. 技术评价

（1）技术先进性。

（2）物流状况（物流—距离分析）。

2. 经济评价

（1）财务评价。

（2）财务内部收益率、投资回收期和固定资产借贷偿还期。

（3）国民经济评价。

（4）经济内部收益率、经济净现值和净现值率。

（5）不确定性分析。

（6）盈亏平衡分析、敏感性分析和概率分析。

（二）综合指标比较评价法

综合指标比较评价法主要有优缺点比较法和加权因素比较法。

1. 优缺点比较法

综合评价因素示例见表 2-2-21 所列：

表 2-2-21　综合评价因素表

序号	因素	序号	因素
1	初次投资	16	安全性
2	年经营费	17	潜在事故的危险性
3	投资收益率	18	影响产品质量的程度
4	投资回收期	19	设备的可得性
5	对生产波动的适应性	20	外购件的可得性
6	调整生产的柔性	21	与外部运输的配合
7	发展的可能性	22	与外部公用设施的结合

（续表）

序号	因素	序号	因素
8	工艺过程的合理性	23	经营销售的有利性
9	物料搬运的合理性	24	自然条件的适应性
10	机械自动化程度	25	环境保护条件
11	控制检查的便利程度	26	职工劳动保护条件
12	辅助服务的适应性	27	对施工安装投产进度的影响
13	维修的方便程度	28	施工安装对现有生产的影响
14	空间利用程度	29	熟练工人的可得性
15	需要储存的物流、外购件数量	30	公共关系效果

列出评价因素后，对各方案进行优缺点比较，优缺点比较表模板见表 2-2-22 所列。

表 2-2-22　优缺点比较表

<table>
<tr><td colspan="2">方案优缺点评价</td></tr>
<tr><td colspan="2">项目名称：
方案编号：
方案简要说明：
结论：
评价人：
评价日期：</td></tr>
<tr><td>优　点</td><td>缺　点</td></tr>
<tr><td></td><td></td></tr>
</table>

2. 加权因素比较法

可以把提供比较的各项因素进行综合比较，合理地确定各个因素的权数和客观地对每个方案的各个因素打分。

程序是：

（1）明确要评价的方案。

（2）选定考虑的因素并准备评分表。

（3）确定每个因素的相对重要性。

（4）给每个方案每个因素评分。

（5）计算加权分。

加权因素法举例，见表 2－2－23 所列。

表 2－2－23　加权因素法举例表

考虑因素	权重	各方案等级及分数			
		A	B	C	D
场址位置	9	A/36	E/27	I/18	I/18
面积和外形	6	A/24	A/24	E/18	U/0
地势和坡度	2	O/2	E/6	I/6	I/6
风向、日照	5	E/15	E/15	I/10	I/10
铁路接轨条件	7	I/14	E/21	I/14	A/28
施工条件	3	I/6	O/3	E/9	A/12
同城市规划的关系	10	A/40	E/30	E/30	I/20
合计	—	137 *	126	105	94

最常用的评价因素有：

（1）适应性和通用性。

（2）物流效率。

（3）物料运输效率。

（4）储存效率。

（5）场地利用率。

（6）辅助部门的综合效率。

（7）工作环境和员工满意程度。

（8）安全管理。

（9）产品质量

（10）设备利用率。

（11）与企业的长远发展规划相协调性

本章小结

1. 设施布置就是对生产车间、管理部门、仓储部门、生产与生活服务部门的建筑物、道路和场地等，按照相互关系密切程度做出合理的布局。

2. 采用 SLP 法进行工厂布置，就是对各作业单位之间的相互关系做出分析，包括物流的和非物流的相互关系，经过综合得出各作业单位综合相互关系表。

3. 根据综合相互关系表指示的各作业单位的相互位置，绘制作业单位位置相关图。

4. 将作业单位实际面积与位置图相结合，得出作业单位面积相关图并通过修正，最终得出可行的布置方案。

5. 最后通过评价选优，确定方案。

练习与思考

1. 系统布置设计的四个阶段是指哪四个阶段？

2. 物流分析的方法主要有哪几种？这些方法分别适用哪些情况？

3. 作业单位相互关系表与作业单位综合相互关系表这两种分析方法有什么区别？适用什么情况？

4. 简述绘制作业单位位置相关图的步骤？

5. 请说明布置方案评价方法有哪些？

第三章　货架介绍

课前思考

同学们，你看过多少种类的货架？它们都有什么功能？对我们设施布置有什么重要影响？

前面我们学习了设施布置设计的内容和SLP的方法，你现在应该对设施布置设计有了一定的了解，接下来我们应进入更为细致和具体的布置环节。存储区域对于物流中心或配送中心来说是最为重要、通常也是面积最大的区域，选择什么样的货架往往决定了存储区域的大小以及它的作业效率。本章我们来简单学习货架的知识。

第一节　货架的概念、作用和分类

一、货架的概念

根据国家标准《物流术语》GB/T 18354—2006，货架的定义为："用支架、隔板或托架组成的立体储存货物的设施。"

二、货架的作用和功能

货架在现代物流活动中，起着相当重要的作用，仓库管理是否能实现现代化，与货架的种类、功能有直接的关系。

货架是一种架式结构物，可充分利用仓库空间，提高库容利用率，扩大仓库储存能力。

存入货架中的货物，互不挤压，物资损耗小，可完整保证物资本身的功能，减少货物的损失。

货架中的货物，存取方便，便于清点，可做到先进先出。

可提高物资的存储质量，如可以采取防潮、防尘、防盗、防破坏等措施。

很多新型货架的结构及功能有利于实现仓库的机械化及自动化管理。

可以把商品布置得井井有条，使顾客一目了然，把商品信息最快地传递给顾客，通过商品的感性展示，激发并加强购买的决心；同时也是售货员向顾客提供高水准的服务的基本经营设施。不论是柜式货架、橱式货架、箱式货架、吊杆货架等都是用来放置不同的商品，方便顾客挑选的。一组一组的货架分隔出商品销售的不同品种，组成售货的班组，使顾客一走进商店营业厅就能顺着货架构成的通道网，看到商店经营的琳琅满目的商品，商店的销售服务都是在货架前与顾客直接完成的。

三、货架的主要结构介绍

货架的主要结构，如图 2－3－1 所示。

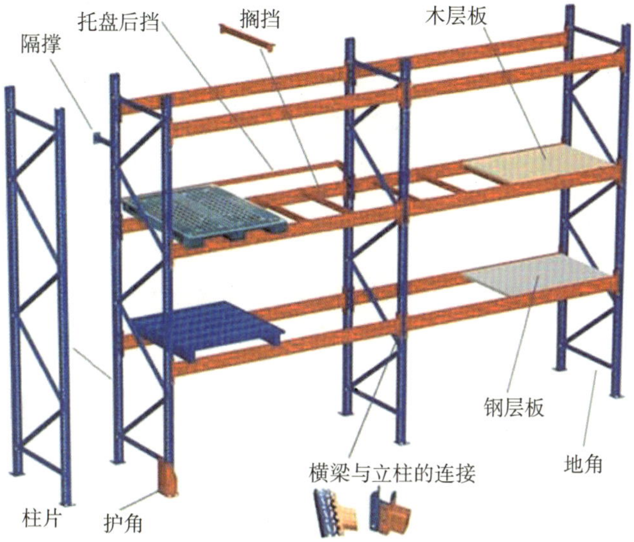

图 2－3－1　货架主要结构图

① 地角（主要组成部分）：连接货架与地面使货架更稳固。
② 柱片（主要组成部分）：用于支撑货架的全部重量。
③ 护角（主要组成部分）：保护货架柱片不受叉车撞击。
④ 隔撑（选配件）：用于货架与墙壁的连接。
⑤ 木板（选配件）：平铺在横梁之间摆放货物。
⑥ 钢板（选配件）：平铺在横梁之间摆放货物。

四、货架的分类

1. 按货架的发展分：传统货架和新式货架。

2. 按货架的适用性分：通用货架和专用货架。

3. 按货架的结构分：层架、层格架、抽屉架、橱架、三脚架、悬臂架、U 形架等。

4. 按货架的可动性分：固定式货架、移动式货架、旋转式货架、组合式货架等、可调式货架。

5. 按货架的高度分：低层货架（高度在 5m 以下）、中层货架（高度在5～15m）、高层货架（高度在 15m 以上）等。

6. 按货架的载重量分：重型货架（每层载重 500kg 以上）、中型货架（每层载重 150～500kg）、轻型货架（每层载重 150kg 以下）等。

7. 按货架的加工形式分：组合式货架和焊接式货架等。

8. 按货架用途不同分：仓储货架和超市货架等。

第二节　各种类型的货架简介

一、轻量型货架

轻量型货架采用冷轧钢板，冲压成型而成。单元货架每层载重量不大于 200kg，总承载一般不大于 2000kg。单元货架跨度通常不大于 2m，深度不大于 1m（多为 0.6m 以内），高度一般在 3m 以内，常见的为角钢式立柱货架结构，外观轻巧、漂亮，主要适用于存放轻、小物品。资金投入少，广泛用于电子、轻工、文教等行业，如图 2－3－2 所示。

轻型货架是插接式组装，安装拆卸方便，钢层板可上下任意调节，满足多种使用要求。

图 2－3－2　轻量型货架

二、中量 A 型货架

中量 A 型货架是中型货架系列中常用的一种，由立柱、横梁、宽挂、窄挂、防脱锁连接而成。最上层与最下层的层板为固定式，中间任意一块层板可调节，节距为 50mm，客户可以根据货物的体积大小来调节间距，如图 2－3－3 所示。

1. 结构特点

中量 A 型货架采用机械冲孔使立柱、横梁、宽挂、窄挂配合，上、下层板固定，货架稳定性更强。造型别致，结构合理，装拆方便，层高 50mm，可任意调节，不用螺丝且坚固结实。中量 A 型货架主要由立柱、横梁、托板和层板组成，主要特点为无螺栓连接，组装、拆卸简便（仅需要橡皮锤就可以进行组装/拆卸），外形美观大方，中型货架适用于人工存取货物情况，承载能力通常为每层 150～300kg。

2. **产品特点**

（1）组合式中量 A 型货架造型别致，外形美观，结构科学，不用螺栓，安装拆卸极其简单、方便。

（2）层高以 50mm 为单位可任意调节，每层载重量达 100～250kg。

（3）表面采用静电喷塑处理，颜色可调，并具有极强防腐、防锈效果。

（4）广泛应用于商场、超市、企业仓库及事业单位；

（5）在立柱与横梁上连接采取锁连接方式，层板与立柱通过宽挂与窄挂支撑，防滑限位件凸起固定，从而达到层板不会前后、左右移动，保证货物受碰击时不会脱落造成损失。

图 2－3－3　中量 A 型货架

三、中量 B 型货架

中量 B 型货架也适用于人工存取货物，相对于 A 型货架来说，由于层板改为宽度方向铺设，这样大大提高了承载力，每层载重量达 250～800kg。用于人工存取货物的情况，具有成本低、安全可靠、组装、拆卸简单等特点，可单独使用，也可自由拼接成各种排列方式。次重型货架两根立柱由横撑、斜撑以尼龙自锁螺栓连接而成，可以有效防止螺栓松动后引发货架失稳；横梁杆采用特制的冷轧 P 型闭口梁，这种结构具有简单可靠、重量轻、承载力强、造价低的特点。中量型货架柱卡与立柱连接时配有特殊设计安全销；可以确保横梁在外力撞击后不会脱落；采用国际上最流行的条状层板，中型货架具有承载能力强、耐磨损、更换简单、维护成本低廉的特点，如图 2－3－4 所示。

图 2-3-4 中量B型货架

四、横梁式货架（重型货架）

横梁式货架是使用最广泛的一种货架，提供100%的存取性，并且有很好的拣选效率，但这种货架的存取密度低，需要较多的巷道，通常使用3~5层，适用于一般叉车存取，可任意调整组合，安全简易，费用经济，出入库不受物品先后顺序限制。按照货架存取巷道的宽度划分，可分为传统式巷道、窄道式巷道（需配合适当型叉车使用），如图2-3-5、图2-3-6所示。

图 2-3-5 横梁式货架

特点：

（1）满足更大的承载需求，最高高度可达16m；

（2）以节距75mm调整横梁的位置，更好地满足仓储物货物的要求；

（3）如果有部件在使用中损坏，可以很方便地更换；
（4）货架表面经过处理，具有很高的抗腐蚀能力；
（5）可以选用更丰富的配件及安全附件；
（6）组装式货架结构，安装简易、快捷；
（7）构件部分使用优质材料，焊接牢固，安装紧密；
（8）完善的配件体系，适用于各种特殊要求。

图 2－3－6　加钢层板的重型货架

五、驶入式货架（贯通型货架）

驶入式货架，又称贯通式货架或通廊式货架。它是一种不以通道分割的、连续性的整体货架，在牛腿搁板上，托盘按深度方向存取，这使得驶入式货架的存储密度高，货物从货架的同一侧进出，叉车可方便地驶入货架中间存取货物，驶入式货架的投资成本较低，适用于横向尺寸较大、品种少、数量多的情况。由于其存储密度大，对地面空间利用率高，常常运用在冷库等存取空间成本高的地方，如图 2－3－7 所示。

图 2－3－7　驶入式货架

特点：
（1）存取密度大，存取性差；
（2）适用少样多量的物品存储；
（3）高度可达10m；
（4）存取物品受存放先后顺序的限制，不易做到先进先出；
（5）不太适合太长太重的物品。

六、悬臂梁式货架

悬臂梁式货架在立柱上装设外悬杆臂构成，适合于存放钢管、型钢或板材等长形的物品。若要放置圆形物品时，在悬臂端装档杆以防止物品滑落，如图2-3-8所示。

图2-3-8 悬臂梁式货架

特点：
（1）只适用于长条或长卷状货物存放；
（2）适用叉距较宽之搬运设备；
（3）高度受限制，一般在6m以下；
（4）空间利用率低，一般在35%～50%；
（5）适用于建材生产工厂、家具制造商或超市。

七、压入式货架（后推式货架）

压入式货架主要由导轨、横梁、立柱、运载小车等组成，轨道按一定的角度倾斜固定在横梁上，运载小车沿轨道运行，由前方将托盘货物推入，托盘物置于滑座上，后来填入的将会把原先的推到后方，目前最多可推入5个托盘。滑座方在滑轨上，滑轨本身有一定倾斜度，滑座会自动滑向前方入口。整体结构采用“弹夹”原理，托盘放置在运载小车上依次被推入货架内部，存取方式跟驶入式货架相同，但叉车不需要驶入货架里面，由于货架深度方向可以设计为多个托盘位置，压入式货架的空间利用高于普通货架。安全性及运转效果都高于驶入式货架，广泛用于冷库、图书馆、电子等行业，如图2-3-9所示。

特点：

（1）存储密度高，存取性差，一般深度可为 3 个储存位；

（2）与横梁式货架比，压入式货架空间的利用可省下 1/3，可增加存储密度，但无法做到货物先放先出的管理；

（3）使用一般叉车存取；

（4）适用于少样多量物品；

（5）不适合承载过重的物品；

（6）物品会自动滑到最前储位。

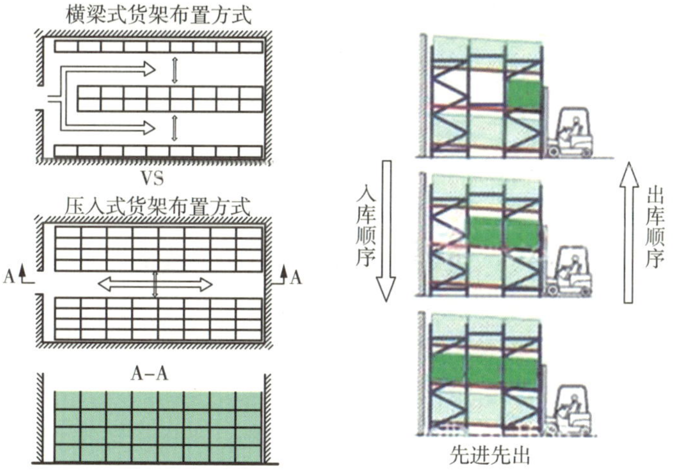

图 2-3-9　压入式货架

八、流利式货架

流利式货架主要由流利条、滚轮、立柱、横梁、拉杆等组成。这种货架也称滚轮式货架，是通过滚轮把货物从一端送到另一端。货物借自身重力下滑，可实现“先进先出”作业。使用成本低，存取速度快，密度大。货架每层横梁之间设置滚轮式铝合金或钣金流利条，呈一定的坡度放置。货物通常为纸包装或将货物放于塑料周转箱内，利用其自身重力来实现货物的流动和先进先出，货物由小车进行运送，人工存取，存取方便，单元货架每层载重通常在1000kg左右，货架高度在2.5m以内，适用于装配线两侧的工序转换、配送中心的拣选作业等场所，可配以电子标签实现货物的信息化管理。广泛应用于超市、医药、化工和电子等行业，如图2-3-10所示。

图2-3-10　流利式货架

特点：

(1) 流利式是将货物置于滚轮上，利用一边通道存货物，另一边通道取货物；

(2) 货架朝出货方向下倾斜，货物在重力作用下下滑；

(3) 可实现先进先出，并实现一次补货多次拣货；

(4) 流利式货架存储效率高，适用于大批量货物的短期存放及拣取；

(5) 这种货架广泛应用于制造业、商业、配送中心、装配车间以及出货频率较高的仓库。

九、重力式货架

重力式货架利用一边巷道作为存放，一边巷道作为取货。滚筒线按一定角度倾斜固定在横梁上，托盘从高处放下，利用自身重力沿滚筒线方向下滑，为了控制托盘以及稳定的下滑，避免碰撞，在滚筒线上每隔一段距离设置一个阻尼系统，托盘下滑速度越快，阻尼系统产生的阻力越大。端部分离机构设置在低端，用来分离最低端相邻的两个托盘，这样最低端托盘就可以顺利取出。重力式货架对托盘的要求比较高，目前木制托盘的使用已经比较成熟，其他材质托盘需要提供实际使用的托盘做阻尼实验。重力式货架的利用率比压入式和驶入式高，而且能实现了"先进先出"的原则，安全性及运转效果都与横梁式货架相同，储存的密度很好，但成本很大，适合少样多量高频率的应用，如图2-3-11所示。

重力式货架是一种利用存储货物自身重力来达到存储深度方向上使货物运动的存储系统。较多用于拣选系统中。常与流利装置和辊道配合使用，取倾斜布置，见表2-3-1所列。

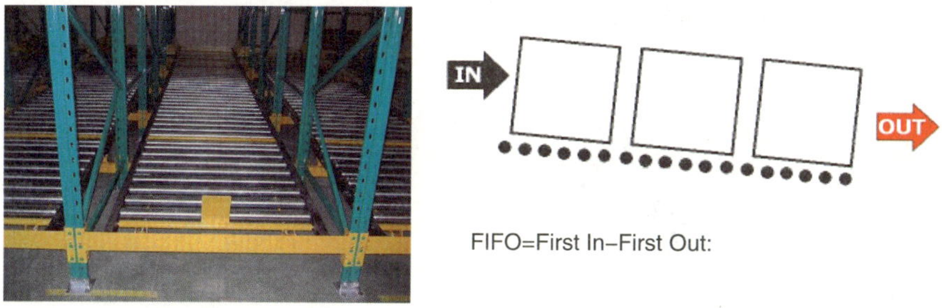

图 2-3-11　重力式货架

表 2-3-1　重力式货架优缺点对比表

重力式货架的优点	重力式货架的缺点
（1）库房利用率较高	（1）货架成本高
（2）先进先出的存取模式	（2）对货架高度及承载力有限制
（3）整体结构强度较好	（3）对环境清洁要求较高
（4）选择叉车较容易	

特点：

（1）适用大量存放且要短时间出货的商品；

（2）适合 ABC 分类中的 B 级商品；

（3）使用先进先出；

（4）使用密集流道储存叠栈物，空间使用率可达 85%，但建造费用高、施工较慢；

（5）使用一般叉车存取；

（6）高度受到限制，一般在 6m 以下；

（7）每一流道一般只存放一种货品。

十、抽屉式货架

抽屉式货架又称模具货架，主要用于存放各种模具物品。货架顶部可配置移动葫芦车（手拉或电动），抽屉底部设有滚轮轨道，承载后依然能用很小的力量自如的拉动，附加定位保险装置，安全可靠。根据承载能力可分为轻量型、重量型两种。操作轻便：采用轴承组合，滑动平移并附有独立吊模装置，无须大型行车及叉车，如图 2-3-12 所示。

特点：

（1）由多种组合部件组装而成，结构简单，便于拆卸、运输和组装；

（2）抽屉板下设置有滚轮轨道，承载后依然能用很小的力量自如的拉动，滑动平稳；

（3）附加定位保险装置，安全可靠，物品可以 66% 抽出，每层可存载 500～2000kg 的机械加工装备的存放，是现代化工厂不可缺少的存储用品；

（4）抽屉式货架占地少，承重大，分类详细，操作简便；

（5）用于存放模具，无须叉车，顶部选配手拉葫芦移动车，可实现模具的吊起，广泛用于模具。

图 2－3－12　抽屉式货架

十一、钢平台

钢平台主要由立柱、主梁、次梁、楼层面、楼梯、护栏等组成。整体组装，无须现场焊接。通常每个平方米的承受力在 300～1000kg，立柱采用承受力强、用钢量少的圆管，主次梁可以根据承载需要选择目前在钢结构工程中最经济合理的 H 型钢，楼面板选用专用特殊 C 型冷弯成型花纹钢板或镂空版，采用扣板式结构，与主次梁刚性固定，整个平台整体结构强，可以根据实际需要选择不同的楼面板以满足消防或防尘，以及防小件坠落的要求。楼面下方可以根据需要配置照明系统。货物输送可以采用液压升降平台、货梯或叉车。所有材料均采用优质碳素结构钢，全自动表面喷塑处理，承载力强，外观简洁大方，应用于各行业，如图 2－3－13 所示。

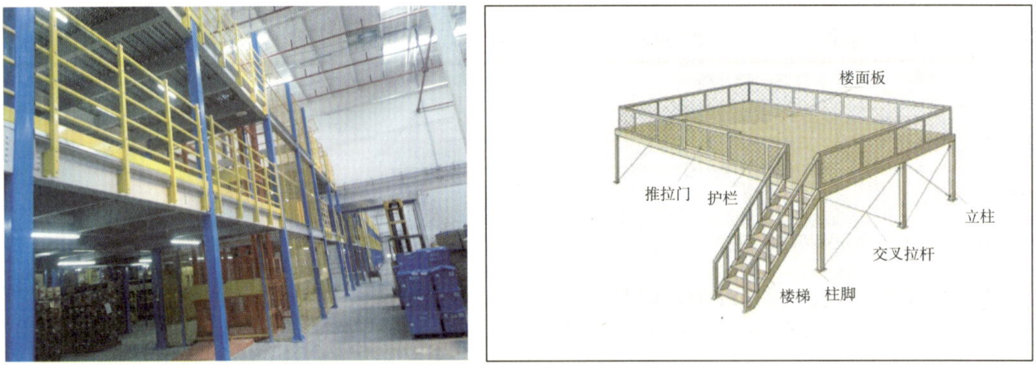

图 2－3－13　钢平台

十二、阁楼式货架

阁楼式货架是在厂房地面面积有限的情况下，利用钢梁和金属板将原有储区做楼层区分，每个楼层可以放置不同的种类和货架，而货架结构具有支撑上层楼板的作用，如图 2－3－14 所示。它具有以下特点：

（1）提高仓储高度、增加空间使用率；

（2）上层仅限于轻量货物存放，不适合重量型设备行走；

（3）适合各类货品的存放。

图 2-3-14　阁楼式货架

阁楼货架与钢结构平台的区别，如图 2-3-15 所示。

阁楼货架

钢结构平台

图 2-3-15

相同点

① 阁楼货架和钢平台一样，都可以搭建成二层或三层，且除底层外，其他楼层都可铺上钢板，让推车和人员自行在楼层行走；

② 两者都需要设计楼梯，并且都需要配备货物卸货口，从而方便使用人员随时调配货物；

③ 两者都可以根据需要，在货架内部设置办公区域；

④ 两者都是采用全组装时结构，方便拆卸；

⑤ 可以根据客户的需求，在货架内部增加照明系统，方便企业进行夜间工作。

不同点

① 阁楼式货架是以横梁式货架或者中型货架为支撑，而钢平台则是以 H 型钢等型材为支撑的；

② 楼板的设计方面，阁楼式货架可以根据需求设计成网层板、钢板，而钢平台则通常为镀锌板；

③ 在同等面积下，钢平台的成本会比阁楼货架的成本更高；

④ 由于结构的不同，钢平台使用主次梁以及 H 型钢等，会比以货架为支撑的阁楼式货架更加粗壮些。

但是，虽然两者有异同处，但是在使用过程中，两者都能达到相同的作用，只是两者适用的行业不同，所以具体设计成哪种类型，还是根据客户具体的使用需求，进行选择。

十三、移动式货架

移动式货架的优点是提高了空间利用率，一组货架只需一条通道，而固定型托盘货架的一条通道，只服务于通道内两侧的两排货架。所以在相同的空间内，移动式货架的储存能力比一般固定式货架高得多。移动式货架主要分为轻型、中型移动式货架和重型移动式货架，如图 2-3-16 所示。

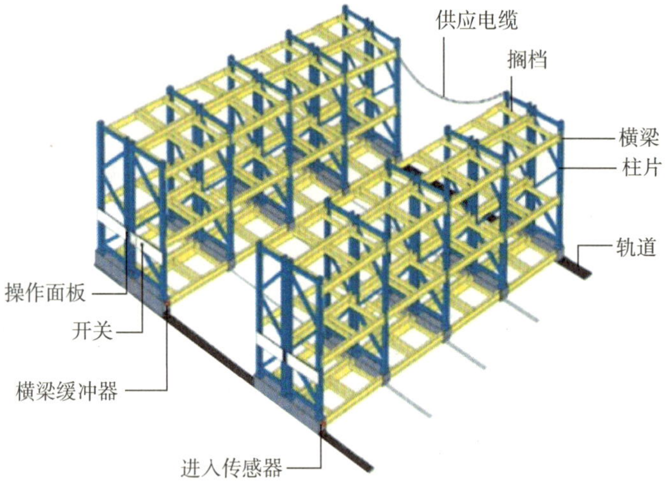

图 2-3-16　电动移动式货架组成图

轻中型移动式货架（也称密集架），由轻型、中型层板式货架蜕变而成，仅需设一个通道（1m 宽左右），是空间利用率最高的一类货架，分为手动和电动两个品种。每列之间的接触面配有缓冲，磁性密封条顶部有防尘板，底部有防鼠装置，每列设有安全限位制动装置及防倾倒装置，边列有锁具，用于整体锁闭，传动机构通过精加工处理，使用精密轴承，传动灵活平稳，层板间距根据需要可自由调节，如图 2-3-17 所示。

重型移动式货架由重型托盘式货架蜕变而成，袒露式结构，每两排货架置于底座之上，底座设有行走轮，沿轨道运转，底盘内安装有电机及减速器、报警、传感装置等。存储系统仅需设 1～2 个通道，空间利用率极高。重型移动式货架一定是电动式的，货物由叉车进行托盘存取，通道通常为 3m 左右，与普通货架相比，可以提高地面 80%左右的使用率，如图 2-3-18 所示。

底部安装运行车轮，通过电动机驱动，可在水平导轨上直线移动，为叉车存取货物提供作业通道。

使仓库储存密度大大增加，单位面积储存量是托盘式货架的 2 倍左右。

图 2-3-17　轻中型移动式货架

可直接存取每一项货物，不受先进先出的限制。

这种货架的缺点是成本高、施工慢。

图 2-3-18　重型移动式货架

十四、旋转货架（回转货架）

旋转式货架设有电力驱动装置（驱动部分可设于货架上部，也可设于货架底座内），沿着由两个直线段和两个曲线段组成的环形轨道运行，由开关或用小型电子计算机操纵。存取货物时，把货物所在货格编号由控制盘按钮输入，该货格则以最近的距离自动旋转至拣货点后停止。拣货路线短，拣货效率高。

该种货架可以沿水平、垂直方向回转，货物随着货架移动到操作者面前，而后被操作者选取。

垂直旋转货架，如图 2-3-19 所示。

水平旋转货架，如图 2-3-20 所示。

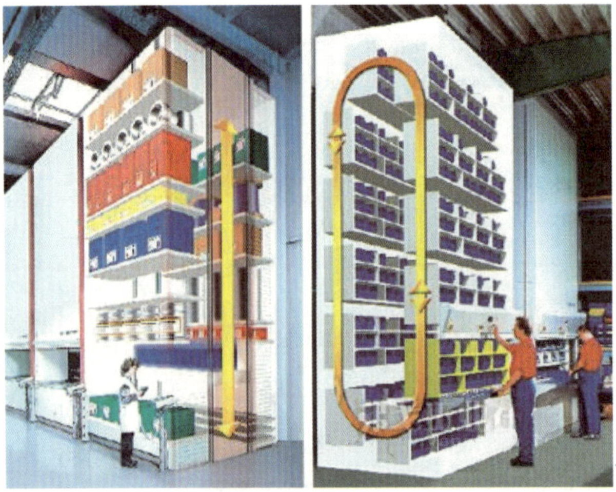

图 2-3-19 垂直旋转货架

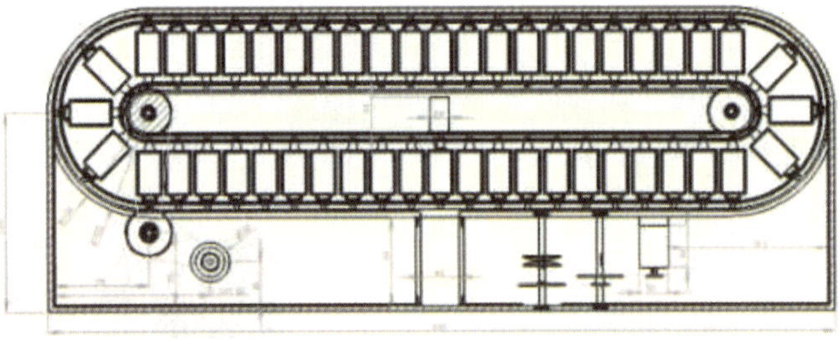

图 2-3-20 水平旋转货架

十五、特殊货架

（一）模具架

模具架是一种用于放置各类塑胶模具、五金模具的置物架，如图 2-3-21 所示。

图 2-3-21 模具架

（二）网架式

网架式货架是用于商品展示用的货架，如图 2－3－22 所示。

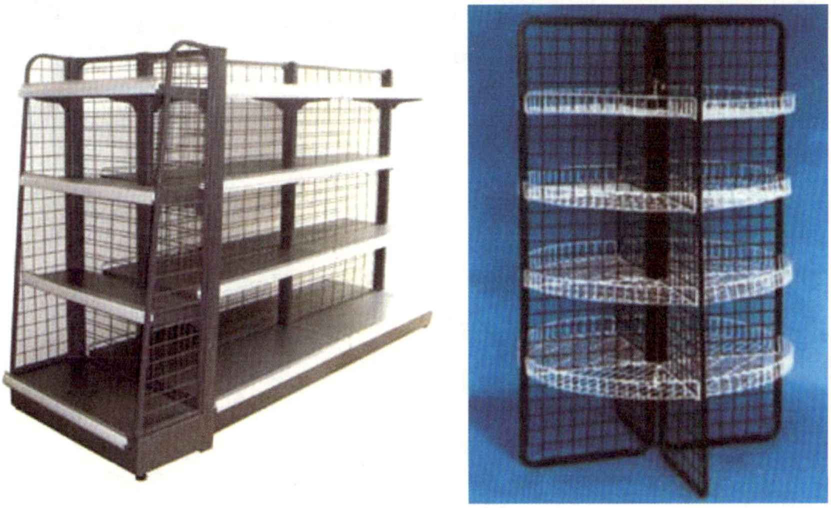

图 2－3－22　网架式货架

（三）油桶架

油桶架是存放油桶的货架，可以保证油桶存放的稳定，并可以在油桶架直接取油，避免二次操作带来的不便，提高工作效率，如图 2－3－23 所示。

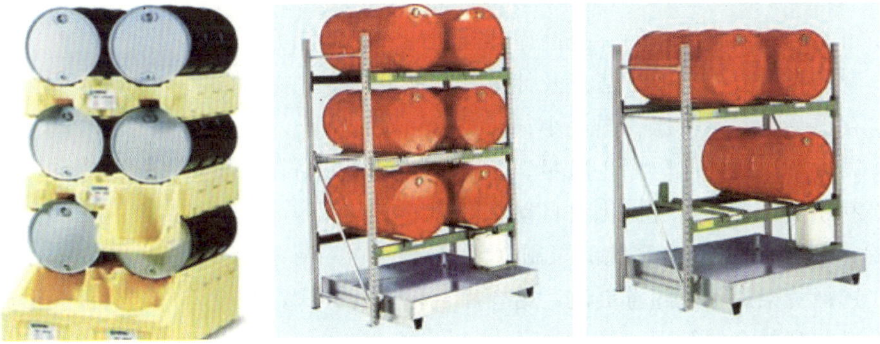

图 2－3－23　油桶架

第三节　货架的选择

货架在仓储设备的总投资中所占比例较大，耗费钢材最多，对仓库的运作模式影响极大。因此合理选择相对经济的货架是很重要的。要在保证货架强度、刚度和整体稳定性的条件下，尽量减轻货架的重量，降低钢材消耗及货架对仓库地面承压能力的要求，满足仓储需要。

一、选择货架的原则

货架选择应遵循以下原则：

1. 安全可靠性原则：货架的强度和刚度要满足载重量的要求，并有一定的安全余量。对于存放危险物品的货架应有特殊的规定。

2. 实用性原则：货架首先应满足于所储存物品的品种、规格尺寸和性能的要求，能满足物资先进先出的原则要求，同时适合于配套机械的存取作业。

3. 尽量采用先进技术原则：采用先进技术的货架可以实现储存管理的机械化和现代化，提高货架的利用率。

4. 低成本高效益原则：根据储存货物的品种、数量、载重要求选择对应材质的货架，根据储存管理的需要选择传统型或新型货架，考虑仓库中货架的成本及经济效益。

二、选用货架时应考虑的因素

（1）物品特性：尺寸大小、外形包装、重量

（2）存取性：存取便利性

（3）出入库量

（4）搬运设备

（5）厂房结构

三、货架系统的利弊分析

（1）使用货架为仓库运作带来的好处

① 可充分利用仓库空间，提高库容利用率和存储能力；

② 物品存取方便，便于清点及计量，可做到先进先出；

③ 存放物品互不挤压、损耗小；

④ 高货架库房采取防潮、防尘、防盗等措施，提高存储质量；

⑤ 利于实现仓库的机械化及自动化管理。

（2）货架系统对物流系统的限制（弊端）

① 选择货架后不能随意更改，给仓库变化运营方式，改变客户结构都会形成障碍；

② 要较高的仓储管理水平做保证；

③ 适用于较重物品的存储，较重物品的垂直运动消耗较多能量，对叉车消耗较大；

④ 对仓库建设标准的要求比平面仓库高，如照明、防火系统等，带来设计难度和建筑成本增加；

⑤ 货架系统本身投资大，并需要价值昂贵的升高叉车配合。

四、货架设计要求

库存物品应分垛码放，每垛占地面积不应大于 $100m^2$，并保证“五距”：

1. 顶距：货垛距屋顶要保持 50cm。

2. 灯距：是货垛顶部距灯要有 50cm。此外，库房内不准使用碘钨灯和超过 60 瓦

以上的白炽灯等高温照明灯具。

3. 墙距：是指货垛与库房内墙的距离，一般应保持 80～50cm。

4. 柱距：指货垛与柱子的距离应有 10～20cm。

5. 垛距：指垛与垛之间的距离要 100cm。

货架的设计须考虑“五距”的要求。有了这“五距”就可以防止外部火灾延烧和库内一旦发生火灾，便于疏散，减少不必要的损失。库内要有横贯的通道，不要将门堵住。在设计非堆叠（堆垛）货物时，如使用一些横梁式货架，通常会相应的设计规范，比如托盘尺寸、横梁宽度、横梁进深、货架层数、货架层高、货架单层承重、地面承重、通道宽度等。我们以最常用的托盘货架为例，在尺寸设计方面有通用的规范。托盘货架尺寸设计示意图，如图2-3-24、图 2-3-25 所示。

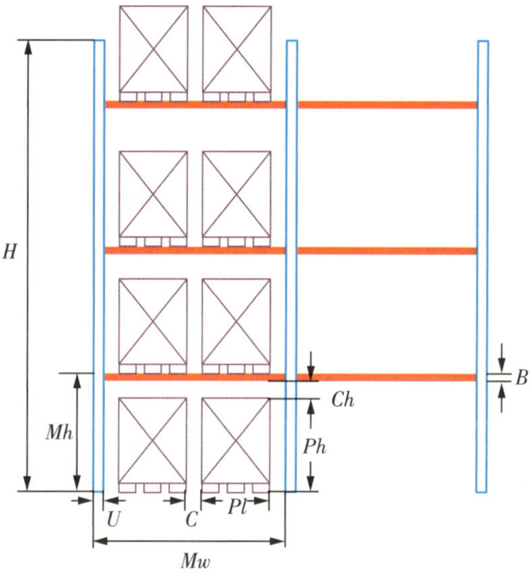

图 2-3-24　托盘货架主视图

$Mw=2Pl+3C+U$　其中 $C=75\sim100$cm；$U=100$cm

$Mh=Ph+Ch+B$　其中 $Ch=100\sim150$cm；$B=100$cm

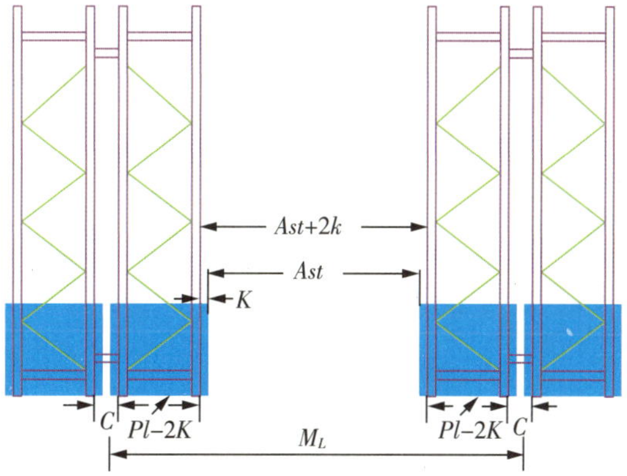

图 2-3-25　托盘货架侧视图

$M_L=[(C-2K)\div2]\times2+Pl\times2+Ast$

练习与思考

1. 请简述货架的主要结构及功能作用？
2. 请说明货架是如何分类的？
3. 选择货架的主要原则有哪些？选用时应当考虑哪些因素？
4. 货架设计有哪些要求？

第四章 货架的选择实训

同学们：

学习了设施布置设计、系统化布置设计及货架方面的基础知识，那么我们就来动手练习一下，看看如何选择货架及确定货架的尺寸吧。

一、实训任务

（1）货架的选择

（2）货架尺寸、层数、数量的确定

二、实训准备

（1）物料准备

电脑：每个学生 1 台。

软件：CAD 或 Visio 软件、Office 办公软件。

A3 纸：每个学生 1 张。

红、蓝、黑白板笔各 6 支。

（2）人员安排

实训人员分成四个小组，每组 6～10 人，并选一名组长。

（3）实训要求

实训前检查实训器材、工具、物料是否齐全。

学生按要求分组，每组人员完成所列的实训任务。

实训结束后，提交实训报告。

三、实训步骤

步骤一：产品的仓储数据收集

实训任务：熟悉以下给出的产品的仓储数据。（5 分钟）

西宁电器公司是国内著名的家电零售连锁企业，已在南宁有 4 家电器连锁店，目前家电的配送都是远在 300km 外的配送中心进行的配送，物流时间长且成本高，计划在南宁市新建一家配送中心，该配送中心要满足南宁市 8 家电器连锁店的配送服务，目前配送中心的地址已初步选好，要求短期内完成仓库的场地规划和建设。小王是西宁电器公司物流管理部的物流专员，公司安排他负责对该配送中心放置大件电器商品的仓库进行场地规划，现在你是小王，请你来完成这项工作任务。

西宁公司配送中心的场地面积都有通用标准，如果要满足8家电器连锁店的配送服务，配送中心的仓库面积应在5000m^{2}左右，其中大件电器商品库房的面积一般在2800～3000m^2，仓库的高度为16m，可利用高度为12m，仓库面积的利用率为75%～90%，仓库为钢筋混凝土结构。大件电器商品一共有8家供应商供货，分别为：美的、海尔、西门子、容声、松下、新飞、美菱、创维等。

库房作业流程如下：

来料接收→来料检验→商品上架→发料→商品拣选→发货检验→商品打包→商品称重→发货。

大件电器产品的名称、产品尺寸、产品的重量、预计每天的平均入库量、产品的平均存储周期，见表2-4-1所列（该库存量可供8家门店的配送）：

表2-4-1　大件电器产品仓储数据

产品名称 / 统计项目	空调	彩电	冰箱	洗衣机
单台带包装最大尺寸（m）（包装材料为纸箱）	外机 0.91×0.38×0.617 内机 0.888×0.395×0.38	1.2×0.315×0.9	0.85×1×1.85	0.66×0.6×1.06
每托盘放置数量（台）（托盘尺寸为：长1000mm×宽1200mm×高145mm，集装货物后的总高度不超出2.4m）	6	3	2	2
每托盘货物平均重量（公斤）	300	50	300	300
预测未来8家门店每天平均入库量（台）	40	100	150	30
平均存储周期（天）	9	7	7	10
存储量预计（台）	360	700	1050	300
备注：每天入库量有约10%左右的波动。设计存储面积时应考虑这个问题				

步骤二：货架的种类、尺寸、层数、数量的确定

实训任务：货架类型选择和货架尺寸设计：（45分钟）

（1）货架类型选择。请根据大件电器产品的仓储数据，并参考本章后面的附件：《货架类型及利用率对比》等资料，选择适合存放大件电器产品的货架。

（2）计算货架的高度和长度。如果根据货物的体积和重量决定它在货架的高低顺序，一组5层高的单列单排重型托盘货架，它的货物摆放从低往高的优先排列顺序为：拣选位、空调、冰箱、洗衣机、彩电。如图2-4-1所示为托盘货架的正视图。

已知：立柱与产品间隙$C=0.1$m；立柱宽$U=0.1$m；托盘宽度$Pl=1$m；

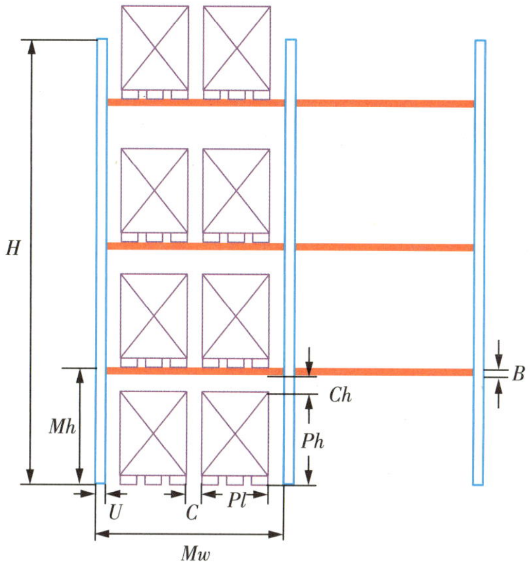

图 2-4-1　托盘货架正视图

请计算货架长度：$Mw=2Pl+3C+U$。

已知：货架横梁高度 $B=0.1$m；货架横梁与产品的间隙 $Ch=0.1$m；托盘高度为 0.145m。

请计算不同产品的货架层高 $Mh=Ph+Ch+B$，并填在表 2-4-2 中。

表 2-4-2　不同产品的货架层高表

层号 / 项目	1 层	2 层	3 层	4 层	5 层
每层存放的产品	拣选位	空调	冰箱	洗衣机	彩电
层高（单位：m）					

(3) 计算货架的宽度。如图 2-4-2 所示为托盘货架的侧视图。

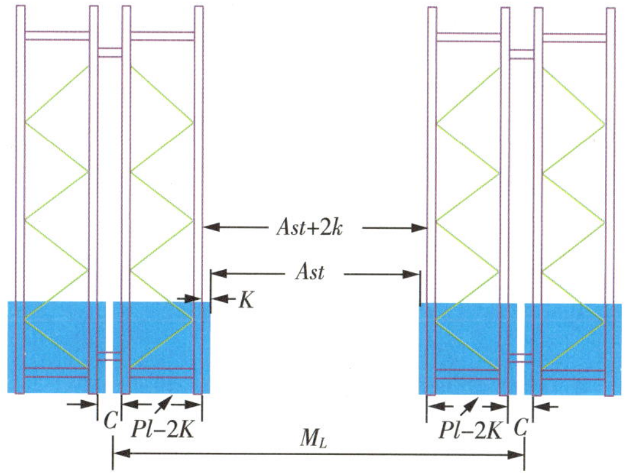

图 2-4-2　托盘货架侧视图

已知：托盘长度 Pl＝1.2m；货物允许伸出货架的长度 K＝0.1m；两个背靠背的货架之间的间距 C＝0.3m；通道宽度 Ast＝3.5m；两个货架正面的间距 $J=Ast+2K=3.5+2\times0.1=3.7$m；

请计算两组正面相对的货架所需的宽度：$M_L=[(C-2K)\div2]\times2+Pl\times2+Ast$。

（4）请用画图软件（如 CAD 软件或 Visio 软件）或者纸笔，画出类似图 2-4-1、图 2-4-2 的货架正视图和侧视图。

（5）请根据货架层高、长宽、层数、仓储数据等资料，计算出所需的货架数量。

四、实训报告要求

实训（实习）日志和实训（实习）报告一律打印上交，报告字数不少 1000 字。报告需包括以下内容：

（1）本次实训目的。

（2）这次实训你选择什么类型的货架？说说你选择该货架的理由。

（3）请画出货架的正视图和侧视图。

（4）请根据货架层高、长宽、层数、仓储数据等资料，计算出所需的货架数量。

（5）本次实训发现的问题和建议。

（6）本次实训的总结。

五、附件《货架类型及利用率对比》

表 2-4-3 人工取货的货架相关参数

货架类型	货架主要特点	典型存储货物类型	常规尺寸（mm）	通道尺寸（mm）	每层载重均载	标配、选配件	仓库利用率	优点	缺点
角钢货架	角钢立柱配层板	较轻的物品	1000×500×2000 1200×500×2000	600～900	50kg	角钢立柱，木或钢层板	30%～40%	价格低	承载较轻，档次较低
轻型货架	中B的缩小版	较轻的物品	1200×500×2000 1500×500×2000	600～900	100kg	柱片、横梁、层板	30%～40%	承载不高时性价比高	承载较轻
中A货架（中托）	侧板及背板好加	较轻的物品	1500×500×2000 2000×500×2000	600～900	100～150kg	柱片、中托、层板（侧板、背板）	30%～40%	很方便安装测背板，防尘效果好	承载不好，价格较贵
中B货架	蝴蝶孔货架	一般物品	1500×600×2000 2000×600×2000	700～1000	200～500kg	柱片、横梁、层板（分隔板）	40%～45%	性价比高	高度受限制，美观性稍差
中C货架（次重型）	承载较好	较重物品	定制	700～1000	500～800kg	柱片、横梁、层板（分隔板）	40%～50%	承载很好，高度能做的较高	在承载满足使用要求时，性价比不如中B货架
流利式货架	货物经流利条从后端流至前端	零件等装盒物品	定制	根据产线布局	根据存储物品来设计货架承重	柱片、横梁、流利条	30%～40%	实现先进先出	普及率受限，承载较轻的时候受线棒冲击
阁楼式货架	利用货架，在仓库中再造一层货架	品种较多的汽车配件等物品	根据仓库进行设计	根据货物大小及取货车来设计通道大小	根据要求来设计承重	货架、地板及地板梁结构	50%～70%	更有效的利用仓库空间的高度	价格较高
密集柜		档案或文件等物品存储	定制	只有一个通道	承载较轻	导轨及柜体	70%～80%	仓库利用率高	使用受限制

表 2-4-4　叉车取货的货架相关参数

货架类型	货架主要特点	典型存储货物类型	常规尺寸（mm）	通道尺寸（mm）	每层载重	标配、选配件	仓库利用率	优点	缺点
托盘式货架	结构简单，承载较好	任何适合托盘存取货物	根据托盘尺寸来设计	根据叉车转弯半径来设计，平衡重式叉车一般3.4m，堆高车一般3.2m	根据承载选择横梁	立柱、横梁（跨梁、层板、中纤板）	30%～40%	简单易用，通用性好	仓库利用率低
贯通式货架（驶入式）	每个巷道单独存货	品种少，数量多，保质期长	按照托盘来设定，一般高度不会太高，在6m以下	巷道的宽度一般都在1400左右，主要考虑是叉车的因素	每托1.5吨左右	柱片、牛腿，导轨、横梁，顶梁、顶拉、背拉	60%～70%	存储量高	取货不方便，取货效率低，安全性稍差，怕叉车撞
窄巷道货架	通道很窄，配专用叉车使用	任意物品，叉车配合人工取货，叉车取货	根据托盘尺寸来设计	一般只有1.5m左右	每托1.5吨左右	柱片、横梁，地导轨（跨梁、中纤板）	50%	存储量高，安全	需要配合专用叉车，取货效率稍低
后推式货架	配合小车轨道使用	冷库使用的较多，品种单一，保质期长	根据托盘尺寸来设计	只有主通道		柱片、横梁、小车，轨道	60%～65%	先入后出，存储量较大	取货不方便，取货效率低，
重力式货架	配合滚筒	先进先出类货物，物品较单一	根据托盘尺寸来设计	只有主通道		柱片、横梁、滚筒	55%～60%	先进先出	性价比不高，先进先出，有些货物不适合
双深位货架	货架按照双深度存取	内侧货物存取时，需要先将外侧货物取出，	根据托盘尺寸来设计	3.5左右		柱片，横梁，后挡、导轨	40%～45%	存储量稍高	专用叉车，取货不方便
悬臂式货架	货架伸出悬臂	长直杆件类				立柱、底座、悬臂	30%～40%	为长直杆件的存储提供了解决方案	使用受限制
重型移动式货架	货架可移动	存储周转率较低	根据托盘尺寸来设计	只有一条货架通道		柱片，横梁，电机、导轨	60%～70%	存储量增加	取货困难

第五章　仓库的布置

课前思考

同学们，前面我们进行了货架选择方面的实训练习，能根据给出的基础数据来选择货架的类型，并能设计货架的尺寸、层数和数量。我们应该如何进行仓库的布置呢？接下来我们进入下一环节的学习，即仓库的布置实训。实训前，我们先学习仓库布置方面的基础知识。

第一节　仓储的概念和作用

一、仓储的概念

从传统意义上讲：仓储的概念就是利用仓库存放、储存未即时使用的物品的行为。

从现代物流上讲：仓储指的是商品在使用之前的保管，它是商品到达客户之前，介于供应和消费之间的中间环节。

二、仓储的主要作用

1. 储存和保管功能

仓库具有一定的空间，用于储存物品，并根据储存物品的特性配备相应的设备，以保持储存物品的完好性。例如：储存挥发性溶剂的仓库，必须设有通风设备，以防止空气中挥发性物质含量过高而引起爆炸。贮存精密仪器的仓库，需防潮、防尘、恒温，因此，应设立空调、恒温等设备。在仓库作业时，还有一个基本要求，就是防止搬运和堆放时碰坏、压坏物品。

2. 调节供需的功能

创造物质的时间效用是物流的两大基本职能之一，物流的这一职能是由物流系统的仓库来完成的。现代化大生产的形式多种多样，从生产和消费的连续来看，每种产品都有不同的特点：有些产品的生产是均衡的，而消费是不均衡的；还有一些产品生产是不均衡的，而消费却是均衡不断地进行的。要使生产和消费协调起来，这就需要仓库起到“蓄水池”的调节作用。

3. 调节货物运输能力

各种运输工具的运输能力是不一样的。船舶的运输能力很大，海运船一般是万吨级，内河船舶也有几百吨至几千吨。火车的运输能力较小，每节车皮能装运 30～60 吨，一列火车的运量最多达几千吨。汽车的运输能力很小，一般每辆车装 4～10 吨。它们之间的运输衔接是很困难的，这种运输能力的差异，也是可以通过仓库进行调节和衔接的。

4. 流通配送加工的功能

现代仓库的功能已处在由保管型向流通型转变的过程之中，即仓库由贮存、保管货物的中心向流通、销售的中心转变。仓库不仅要有贮存、保管货物的设备，而且还要增加分拣、配套、捆绑、流通加工、信息处理等设置。这样，即扩大了仓库的经营范围，增加了物质的综合利用率，又方便了消费，并提高了服务质量。

5. 信息传递功能

伴随着以上几种功能的改变，改变了仓库对信息传递的要求。在处理仓库活动的各项事务时，需要依靠计算机和互联网，通过电子数据交换（EDI）和条形码技术来提高仓储物品信息的传输速度，及时而又准确地了解仓储信息，如仓库利用水平、进出库的频率、仓库的运输情况、顾客的需求以及仓库人员的配置等。

三、仓库的类型

单层式库房——地面单位面积承载能力大，货物进出库作业方便，能有效避免垂直搬运货物。

楼房式库房——单位土地面积存储货物量大，节约用地，柱多影响搬运车辆行走和货架等存储设备的布置，货物存储分拣等作业不在同一楼层，需使用垂直搬运设备。

第二节　仓库布置的思路和布置形式

一、仓库货区布置的基本思路

1. 根据物品特性分区、分类储存，将特性相近的物品集中存放。将单位体积大、质量大的物品存放在货架底层，并且靠近出库区和通道。

2. 将同一供应商或者同一客户的物品集中存放，以便于进行分拣配货作业。当仓库作业过程中出现某种物品物流量大、搬运距离远的情况时，则说明仓库的货位布局有错误。

3. 将周转率高的物品存放在进出库装卸搬运最便捷的位置。这种仓库布置进一步可分为两种不同情况：

（1）各种物品所需货区面积相同。在这种情况下，只需把搬运次数最多的物品货区布置在靠近出入口之处，即可得到最小总负荷数。

（2）各种物品所需货区面积不同。需要首先计算某物品的搬运次数与所需货区数量之比，取该比值最大者靠近出入口，依次往下排列。

例子：假设有一个家电用品仓库，共有 M 个货区，分别存储 7 种家电。仓库有一个出入口，进出仓库的货物都要经过该口，如图 2－5－1 所示。假设该仓库每种物品每周的存取次数见表 2－5－1 所列，应该如何布置不同物品的货区，使总搬运量最小？

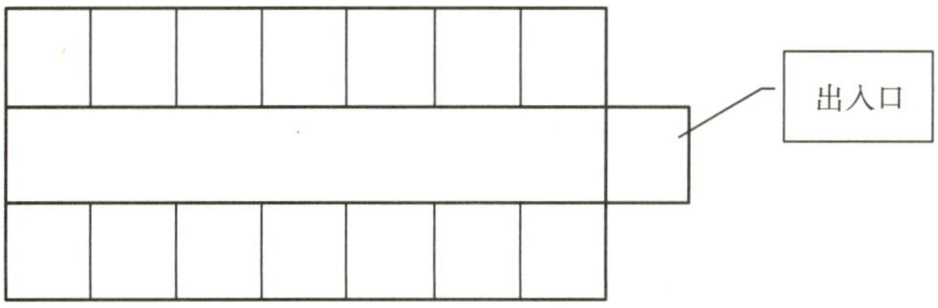

图 2－5－1　仓库平面示意图

表 2－5－1　家电用品仓库的存储信息

物品编号	存储物品	搬运次数（每周）	所需货区数	每个货区每周的平均搬运次数（每周搬运次数÷货区数）
1	电烤箱	280	1	280
2	空调	160	2	80
3	微波炉	360	1	360
4	音响	375	3	125
5	电视	800	4	200
6	收音机	150	1	150
7	其他	100	2	50

如图 2－5－2 所示是以总负荷数最小为目标的一种简单易行的仓库货区的布置方法。在实际中，根据情况的不同，仓库布置可以有多种方案、多种考虑目标。

例如，不同物品的需求经常是季节性的；在元旦、春节期间应把电视、音响放在靠近进入口处。

又如，空间利用的不同方法也会带来不同的仓库布置要求，在同一面积内，高架立体仓库可存储的物品要多得多。由于搬运设备、存储纪录方式等的不同，也会带来布置方法上的不同。

再如，新技术的引入会带来更多有效方案的可能性：当计算机仓库信息管理系统可使得搬运人员迅速知道每一物品的准确仓储位置，并为搬运人员设计一套汇集不同物品与同一货车上的最佳搬运行走路线；自动分拣运输线可使仓储人员分区工作，而不必跑遍整个仓库，等等。总而言之，根据不同的目标，所使用技术不同以及仓储设施本身特点的不同，仓库的布置方法有多种。

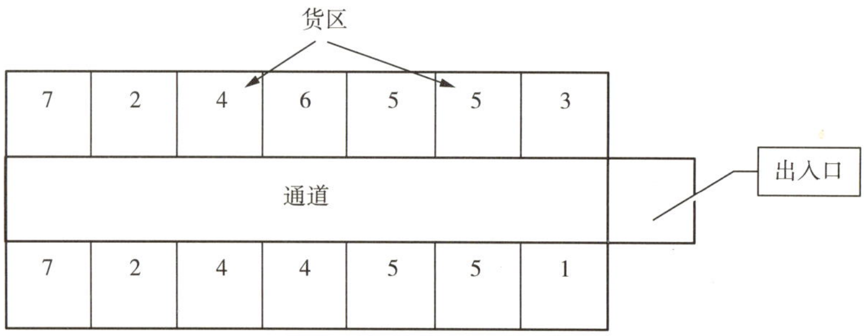

图 2-5-2　布置好的仓库平面示意图

二、仓库货区规划应注意的问题

1. 仓库要与经营现场靠近，通道顺畅；
2. 每个货仓有相应的进仓门和出仓门，并有明确的标牌；
3. 货仓办公室尽可能设置在仓区附近，并有仓名标牌；
4. 测定安全存量、理想最低存量或定额存量，并有标识牌；
5. 仓区内要留有必要的废次品存放区、物料暂存区、待验区、发货区等；
6. 按存储容器的规格、楼面载重承受能力和叠放的限制高度将仓区分为若干仓位，并用油漆或美纹胶在地面标明仓位名、通道和通道走向；
7. 仓区设计必须将安全因素考虑在内，须明确规定消防器材所在位置，消防通道和消防门的位置及救生措施等；
8. 每个货仓的进门处，须张贴货仓平面图，表明该仓库所在的地理位置、周边环境、仓区仓位、仓门、各类通道、门、窗和电梯等。

三、仓库货区布置形式

（一）平面布置

平面布置是指对货区内的货垛、通道、垛间（架间）距、收发货区等进行合理的规划，并正确处理它们的相对位置。

平面布置的形式有垂直式布置和倾斜式布置两种。

1. 垂直式布置

货垛或货架的排列与仓库的侧墙互相垂直或平行，具体包括横列式布局、纵列式布局和纵横式布局。

(1) 横列式布局

横列式布局是指货垛或货架的长度方向与仓库的侧墙互相垂直，如图 2-5-3 所示。

其主要优点有：主通道长且宽，副通道短，整齐美观，便于存取盘点，如果用于库房布局，还有利于通风和采光。但仓容利用率降低。

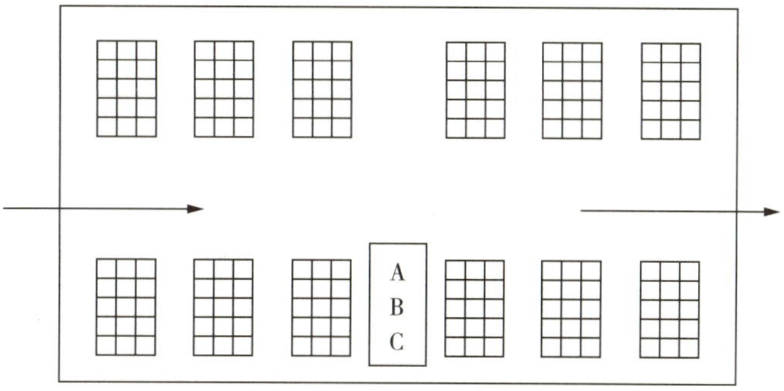

图 2-5-3　横列式布局

(2) 纵列式布局

纵列式布局是指货垛或货架的长度方向与仓库侧墙平行，如图 2-5-4 所示。

其主要优点有：可以根据库存物品在库时间的不同和进出频繁程度安排货位，在库时间短、进出频繁的物品放置在主通道两侧，在库时间长、进出不频繁的物品放置在里侧。仓容利用率较高。

纵列式布置货架，作业通道数目较少，减少作业机械设备的数量，降低了资金投入，但巷道较深，需要考虑根据作业循环时间的要求，确定巷道堆垛机的性能参数。

(3) 纵横式布局

纵横式布局是指在同一保管场所内，横列式布局和纵列式布局兼而有之，可以综合利用两种布局的优点，如图 2-5-5 所示。

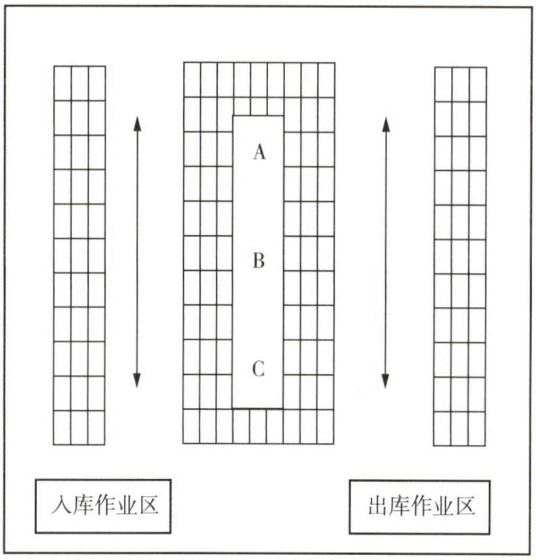

图 2-5-4　纵列式布局

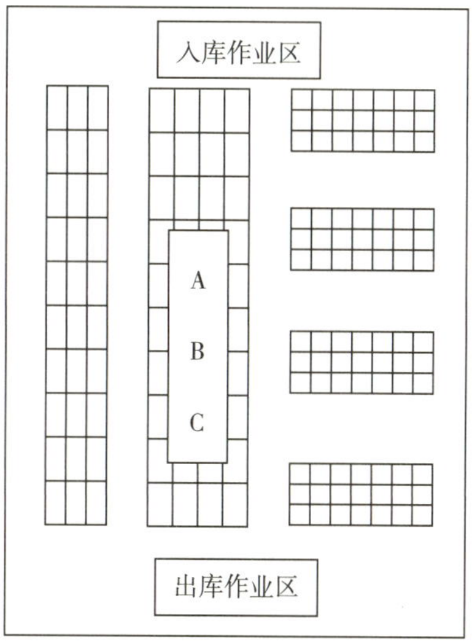

图 2-5-5　纵横式布局

2. **倾斜式布置**

倾斜式布置是指货垛或货架与仓库侧墙或主通道成 60°、45°或 30°夹角。具体包括货垛（架）倾斜式布局和通道倾斜式布局。

（1）货架倾斜式布局

货架倾斜式布局是横列式布局的变形，它是为了便于叉车作业、缩小回转角度、提高作业效率而采用的布局方式，如图 2-5-6 所示。

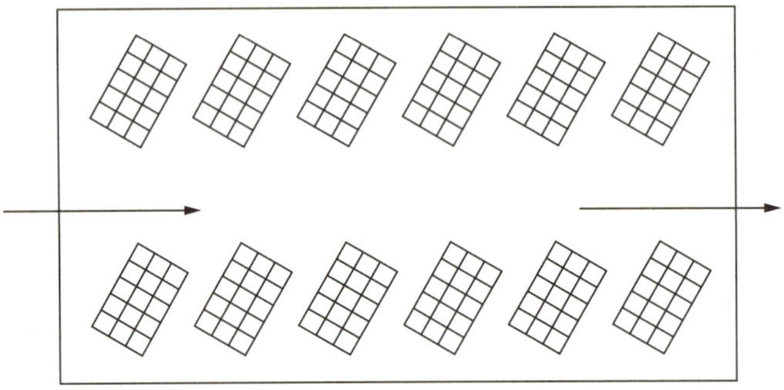

图 2-5-6　货架倾斜式布局

（2）通道倾斜式布局

通道倾斜式布局是指仓库的通道斜穿保管区，把仓库划分为具有不同作业特点的区域，如大量储存和少量储存的保管区等，以便进行综合利用。在这种布局形式下，仓库内形式复杂，货位和进出库路径较多，如图 2-5-7 所示。

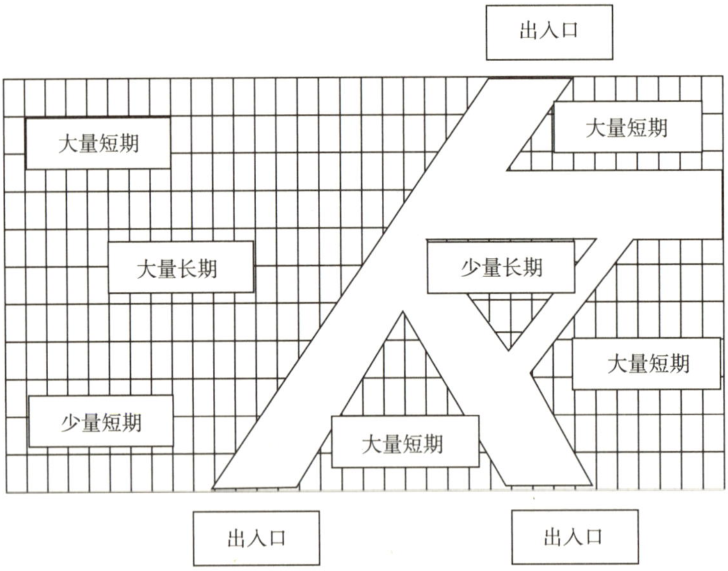

图 2-5-7　通道倾斜式布局

（二）仓库空间布置

仓库空间布置也称为仓库内部竖向布局，是指库存物品在仓库立体空间上布局，其目的在于充分有效地利用仓库空间。

其形式主要有：就地堆码、上货架存放、架上平台空中悬挂等，如图 2-5-8 所示。

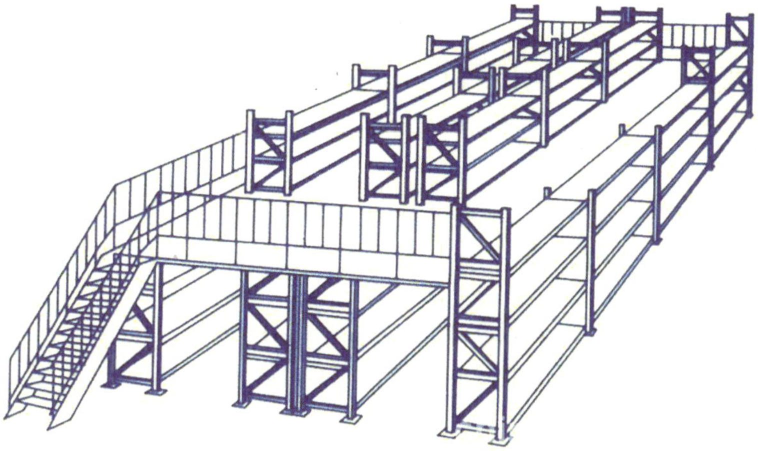

图 2-5-8　架上平台

第三节　仓库非保管场所的布置

一、通道

库房内的通道，分为运输通道（主通道）、作业通道（副通道）和检查通道。

1. 运输通道供装卸设备在库内行走，其宽度主要取决于装卸搬运设备的外形尺寸和单元装卸的大小。运输通道的宽度一般为 1.5～3m。如果库内安装有桥式起重机，运输通道的宽度可为 1.5m。

2. 作业通道是供人员存取搬运物品的走行通道。其宽度取决于作业方式和货物的大小。

3. 检查通道是供仓库管理人员检查库存物品的数量及质量而行走的通道，其宽度只要能使检查人员自由通过即可，一般为 0.5m 左右。

二、墙间距

墙间距使货垛和货架与库墙保持一定的距离，避免物品受潮，同时也可作为检查通道或作业通道。

墙间距一般为 0.5m 左右，当兼做作业通道时，其宽度需增加一倍。墙间距兼做作业通道是比较有利的，它可以使库内通道形成网络，方便作业。

三、库内办公地点

仓库管理人员需要一定的办公地点，可设在库内也可设在库外。最好设在库外另建办公室，这样可以使仓库存放更多的物品。

四、收发货区

收发货区是指供收货、发货时临时存放物品的作业场地，可分为收货区和发货区，也可以规定一个收发货区收货、发货共用。

收发货区的位置应靠近库门和运输通道，可设在库房的两端或适中的位置，并要考虑到收货、发货互不干扰。

对靠近专用线的仓库，收货区应设在专用线的一侧，发货区应设在靠近公路的一侧。如果专用线进入库房，收货区应在专用线的两侧。

收发货区面积大小的确定：

（1）一次收发批量的大小，收发货区应能够容纳一个最大批量的订单。

（2）物品规格品种的多少，不同规格品种的物品应分开摆放。

（3）供货方和用户的数量。

（4）收发作业效率的高低。

（5）仓库的设备情况，包括装卸、验收等设备的情况。

（6）收发货的均衡性。

（7）发货方式。

五、仓库布置案例

请对照图 2－5－9 和图 2－5－10 的仓库布置图，能否从这两张图中看出该仓库的作业流程？两个仓库的货架采用哪一种布置形式？它们的出入口设置有什么特点？

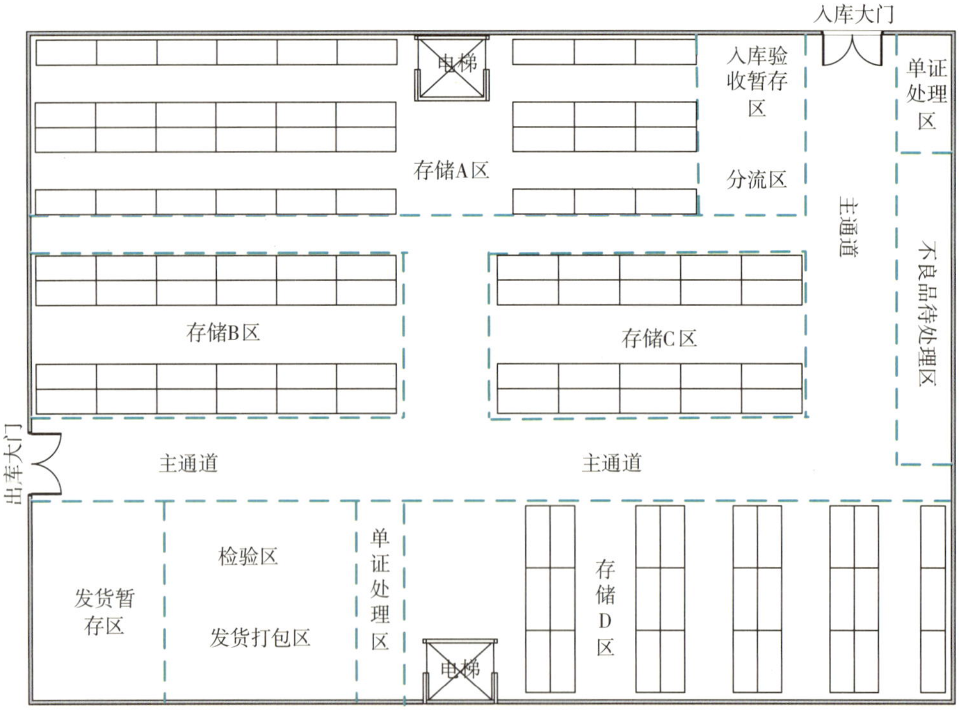

图 2－5－9　仓库布置图 1

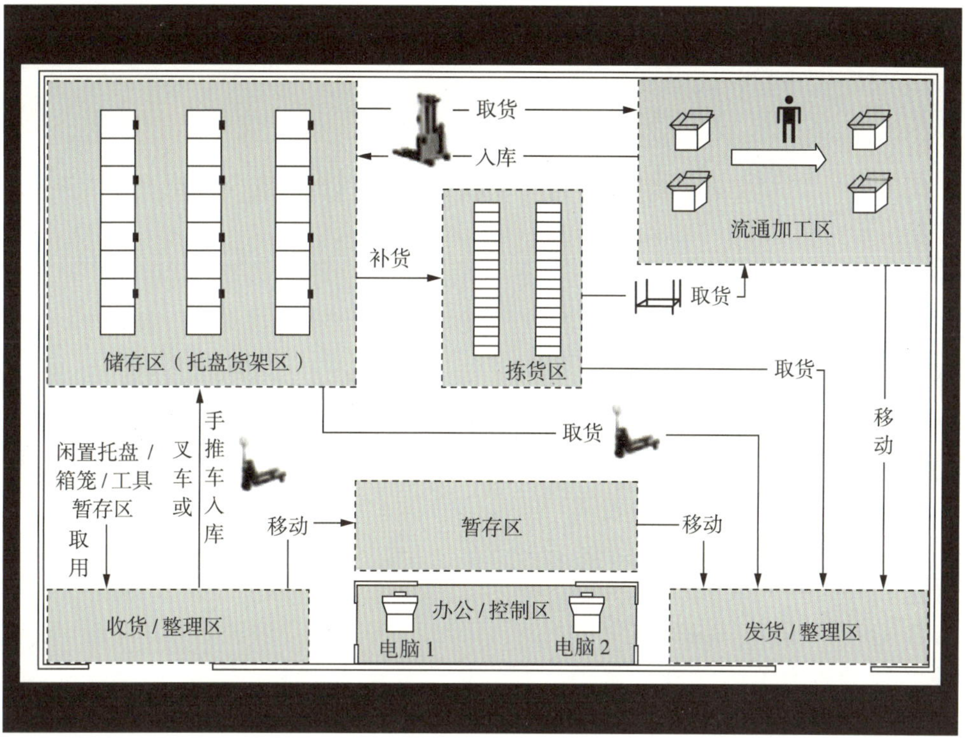

图 2-5-10 仓库布置图 2

练习与思考

1. 简述仓储作用。
2. 简述仓库货区的布置思路？
3. 仓库货区规划应注意哪些问题？
4. 请说说仓库货区布置主要有哪些形式？

第六章　仓库布置的实训

同学们：

前面我们确定了货架的类型、尺寸、数量后，接下来就要进行仓库的布置实训。

一、实训任务

（1）仓库长、宽、面积确定

（2）货架布置

（3）仓库各作业区域布置

二、实训准备

（1）物料准备

电脑：每个学生1台。

软件：CAD或Visio软件、Office办公软件。

A3纸：每个学生1张。

红、蓝、黑白板笔各6支。

（2）人员安排

实训人员分成四个小组，每组6～10人，并选一名组长。

（3）实训要求

实训前检查实训器材、工具、物料是否齐全。

学生按要求分组，每组人员完成所列的实训任务。

实训结束后，提交实训报告。

三、实训步骤

步骤一　仓储基础数据收集

实训任务：熟悉以下给出的产品的仓储数据。（5分钟）

1. 基础数据一

西宁电器公司是国内著名的家电零售连锁企业，已在南宁有4家电器连锁店，目前家电的配送都是远在300km外的配送中心进行的配送，物流时间长且成本高，计划在南宁市新建一家配送中心，该配送中心要满足南宁市 8 家电器连锁店的配送服务，目前配送中心的地址已初步选好，小王是西宁电器公司物流管理部的物流专员，公司安排他负责对该配送中心放置大件电器商品的仓库进行场地规划，现在你是小王，请你来完成这项工作任务。

西宁公司配送中心的场地面积都有通用标准，如果要满足 8 家电器连锁店的配送服务，配送中心的仓库面积应在 5000m^2 左右，其中大件电器商品库房的面积一般在 2800～3000m^2，仓库的高度为 16m，可利用高度为 12m，仓库面积的利用率为 75%～90%，仓库为钢筋混凝土结构。大件电器商品一共有 8 家供应商供货，分别为：美的、海尔、西门子、容声、松下、新飞、美菱、创维等。

库房作业流程如下：

来料接收→来料检验→商品上架→发料→商品拣选→发货检验→商品打包→商品称重→发货。

大件电器产品的名称、产品尺寸、产品的重量、预计每天的平均入库量、产品的平均存储周期，见表 2-6-1 所列（该库存量可供 8 家门店的配送）：

表 2-6-1 大件电器产品仓储数据

统计项目 \ 产品名称	空调	彩电	冰箱	洗衣机
单台带包装最大尺寸（m）（包装材料为纸箱）	外机 0.91×0.38×0.617 内机 0.888×0.395×0.38	1.2×0.315×0.9	0.85×1×1.85	0.66×0.6×1.06
每托盘放置数量（台）（托盘尺寸为：长 1200mm×宽 1000mm×高 145mm，集装货物后的总高度不超出 2.4m，货物体积不可超出托盘的长和宽）	6	3	2	2
每托盘货物平均重量（公斤）	300	50	300	300
预测未来 8 家门店每天平均入库量（台）	40	100	150	30
平均库存周期（天）	9	7	7	10
存储量预计（台）	360	700	1050	300
备注：每天入库量有约 10%左右的波动。设计存储面积时应考虑这个问题				

2. 基础数据二

上节实训课所确定的货架种类、尺寸、层数、数量。

3. 基础数据三

（1）大件电器产品的库房作业流程如下。

来料接收→来料检验→商品上架→发料→商品拣选→发货检验→商品打包→商品称重→发货。

（2）各作业区域的面积比例，见表 2－6－2 所列。

表 2－6－2　作业区域面积比例

作业区域名称	比例设置
存储区和拣选区面积	40%～55%
通道面积	10%～30%
来料接收区	4%～6%
检验区	4%～7%
发货暂存区	5%～10%
单证室	2%～4%
待处理区或不合格区	2%～5%

（3）各品牌产品预计存储数量，见表 2－6－3 所列。

表 2－6－3　各品牌产品预计存储数量（单位：台）

品牌＼产品	空调	彩电	冰箱	洗衣机	合计
美的	72	140	210	60	482
海尔	108	210	315	90	723
西门子	72	140	210	60	482
其他品牌	108	210	315	90	723
合计	360	700	1050	300	2410
备注：每种产品的存储量＝该产品每日平均送货量×平均存储周期 各品牌存储容量＝空调存储量＋彩电存储量＋冰箱存储量＋洗衣机存储量					

（4）各品牌大件电器每天平均来货托盘数量及车辆数，见表 2－6－4 所列。

表 2－6－4　各品牌大件电器每天平均来货托盘数量及车辆数

品牌＼产品名称	空调（台）	彩电（台）	冰箱（台）	洗衣机（台）	来货托盘包装（托）	来货车辆数（车）
美的	8	20	30	6	26	1.4
海尔	12	30	45	9	39	2.2
西门子	8	20	30	6	26	1.4

（续表）

品牌\产品名称	空调（台）	彩电（台）	冰箱（台）	洗衣机（台）	来货托盘包装（托）	来货车辆数（车）
其他品牌	12	30	45	9	39	2.2
合计	40	100	150	30	120	11

备注：1. 收货车数按 40 英尺的货柜车计算，它的车厢内尺寸为：长 11.8m×宽 2.13m×高 2.72m，配货毛重 22t，体积 $54m^3$，每个车厢可放 18 个托盘的大件电器
2. 每车卸货和装货所需时间 40 分钟
3. 配送中心每天的工作小时数为 8 小时
4. 配送中心每周的发货数量与收货数量需要保持大致均衡，规划收发货平台的面积时，可将两者的货物暂存面积设定成一样大

步骤二　仓库长、宽、面积确定

实训任务：请各位同学用纸或用 CAD 软件画出仓库的长和宽。面积在 2800～$3000m^2$。（10 分钟）

设计说明：

（1）长度以按需要的装卸线的长度而定，库房长度应等于或大于装卸线长度。

（2）库房宽度取决于仓库结构和作业方式：

人工操作：＞12m。

机械作业：＞14～16m。

木结构：9～15m。

钢架混凝土结构：＞30m。

（备注：如果用 Visio 画图，由于软件无法画大尺寸的平面图，请等比例缩小面积。）

步骤三　货架布置

实训任务：请各位同学根据前面所算的货架面积和数量，将货架图摆放在仓库平面图中，摆放时，须考虑前面的基础数据，做到合理布置。（25 分钟）

步骤四　布置各作业区域

实训任务：货架的布置也就代表存储区的布置，除存储区外，将其余区域，如通道、来料接收区、来料检验区、单证室、待处理区或不合格区等，进行合理布局。

布局完成后，请以小组为单位进行讨论，看看各自所画的布局图存在什么问题，将小组成员的问题进行总结和归纳。讨论完毕后，请各小组选出大家一致认为最好的布局图进行展示，并由小组代表总结小组成员在布局规划中存在的问题以及针对这些问题应加强哪些方面的训练。（20 分钟）

四、实训报告要求

实训（实习）日志和实训（实习）报告一律打印上交，报告字数不少1000字。报告需包括以下内容：

（1）本次实训目的。

（2）请根据实训指导书中的基础资料，画出仓库布置图。

（3）思考题：仓库的场地布置最重要的考虑因素有哪些几个方面?

（4）本次实训发现的问题和建议。

（5）本次实训的总结。

第七章　仓储物流系统建模仿真实训

同学们：

仓库布置完成后，我们就可以运用 Flexsim 软件进行仓储物流系统的建模和仿真实训了，现在的实训是不是越来越难、越来越有意思、越来越具有挑战性了？

一、实训任务

(1) 仿真模型总体框架搭建
(2) 在 Flexsim 软件中导入图纸
(3) 用 Flexsim 软件进行送货仿真模型搭建
(4) 用 Flexsim 软件进行收货平台仿真模型搭建
(5) 用 Flexsim 软件进行接收区仿真模型搭建
(6) 用 Flexsim 软件进行存储区仿真模型搭建
(7) 用 Flexsim 软件进行发货拣选区仿真模型搭建
(8) 用 Flexsim 软件进行运输仿真模型搭建
(9) 用 Flexsim 软件进行仓储物流仿真模型运行和统计

二、实训准备

(1) 物料准备

电脑：每个学生 1 台。

软件：Flexsim 仿真软件、CAD 或 Visio 软件、Office 办公软件。

A3 纸：每个学生 1 张。

红、蓝、黑白板笔各 6 支。

(2) 人员安排

实训人员分成四个小组，每组 6～10 人，并选一名组长。

(3) 实训要求

实训前检查实训器材、工具、物料是否齐全。

学生按要求分组，每组人员完成所列的实训任务。

实训结束后，提交实训报告。

三、实训步骤

步骤一　仿真模型总体框架搭建

实训任务：仿真模型总体框架搭建。(25 分钟)

根据前面的基础数据以及所画的布局图，先画一个仿真模型框架图，如图 2-7-1 所示。

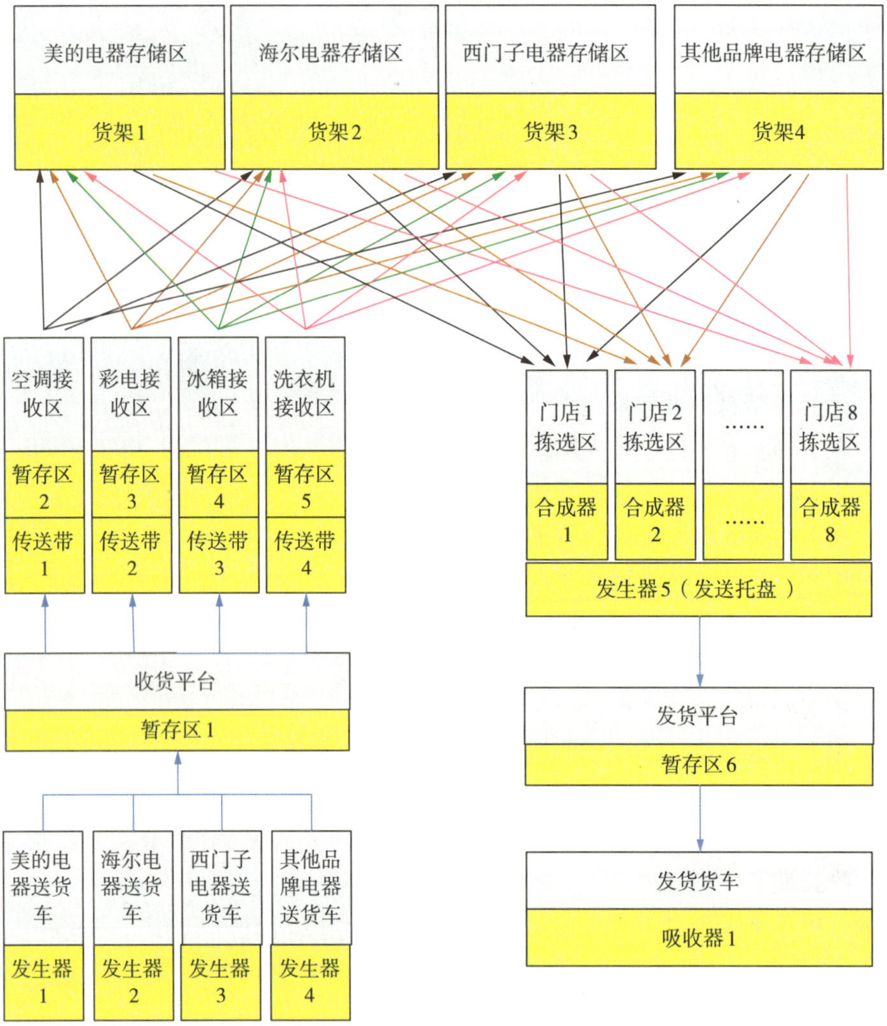

图 2-7-1　库房仿真系统框架图

（备注：淡蓝色方块为库房的作业区域，黄色方框为 Flexsim 固定实体的名称）

步骤二　图纸导入

实训任务：将图纸导入到 Flexsim 软件中（20 分钟），步骤如下：

将前面做好的大件电器产品的仓库布置 CAD 图纸导到 Flexsim 软件中，操作方法：Tool→Visual→Model Background→选择相关的 CAD 文件，如图 2-7-2 所示。

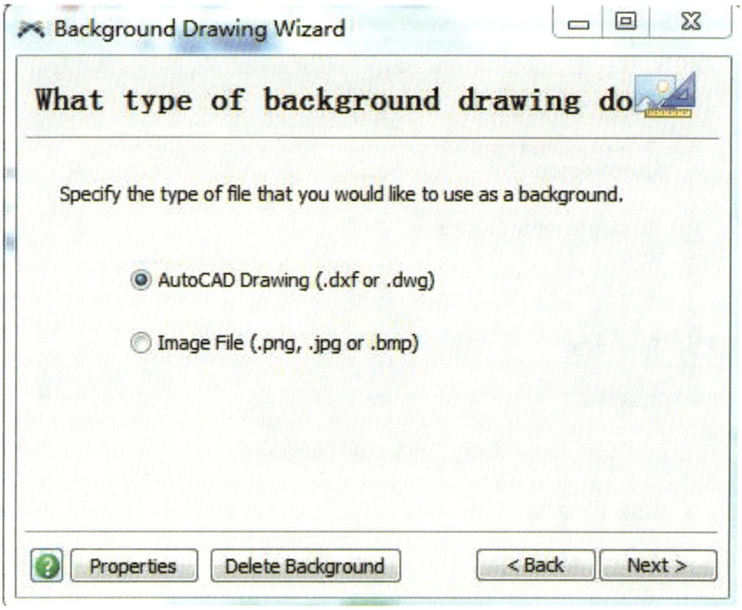

图 2-7-2　选择 CAD 文件

设置背景的单位，CAD 图纸如果单位为 mm，Flexsim 的单位为 m，那么导入 CAD 图纸时将 size 设为 0.001，其余都设为 0，如图 2-7-3 所示。

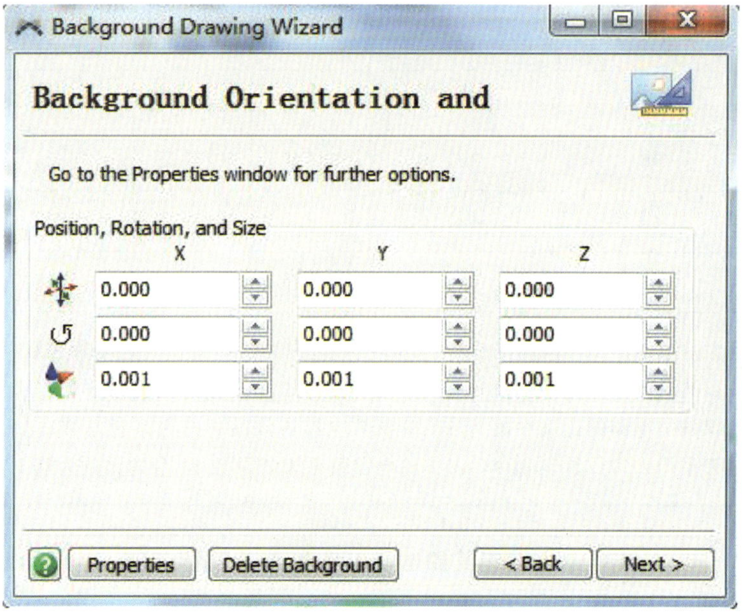

图 2-7-3　设置 CAD 图纸的单位

（注：如果小数点后位数只能设两位，就要打开 Edit 菜单进行小数位数的设置，设置方法为：Edit→ModelSettings→Decimal Precision，将数字调为“3”，如图2-7-4 所示。）

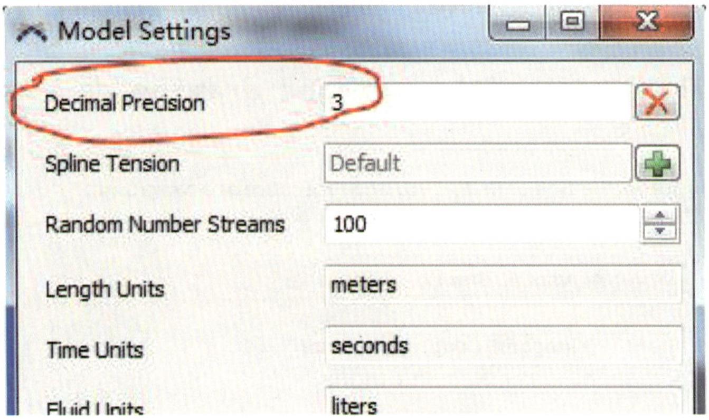

图 2-7-4　小数位数设置

步骤三　送货模型建立

实训任务：建立送货模型（25 分钟），步骤如下：

根据前面的基础数据，可算出各品牌大件电器每天的来料总数，大件电器产出的时间间隔，各品牌每种类别的大件电器所占比例等，见表 2-7-1 所列。通过该表的数据，设置发生器的参数，建立大件电器的送货模型。

表 2-7-1　送货发生器的参数设置

品　牌	每天大件电器来货总数（台）	每台大件电器产出时间间隔	空调比例	彩电比例	冰箱比例	洗衣机比例
美的	64	450	0.125	0.3125	0.46875	0.09375
海尔	96	300	0.125	0.3125	0.46875	0.09375
西门子	64	450	0.125	0.3125	0.46875	0.09375
其他品牌	96	300	0.125	0.3125	0.46875	0.09375
备注：1. 每台大件电器产出时间间隔＝（8 小时×3600 秒）÷各品牌每天来货总数 2. 产品到达时间间隔遵循泊松分布模式 3. 各品牌各类电器的比例＝每天各品牌各类电器占该品牌每天来货总数的比例，如美的空调每天平均来货数量是 8 台，占美的电器每天来货总数 64 台的比例为 0.125。						

根据表 2-7-1 所列，先设置美的送货发生器 1 的模型参数。

给发生器用拼音和汉字进行命名“meidihuoche 美的货车”，如图 2-7-5 所示。

在发生器的 Source 界面，给产品到达时间设置为 poisson（450，0）。

在发生器的 Flow 界面，用系统默认的参数，不需更改，如图 2-7-6 所示。

在发生器的 Triggers 界面，在“Oncreation”选项中选择“Data→Set Item Type by Percentage”，如图 2-7-7 所示。

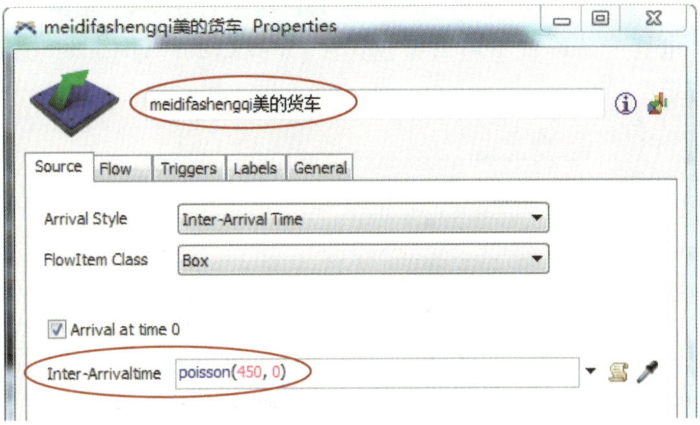

图 2－7－5　发生器的 Source 界面设置

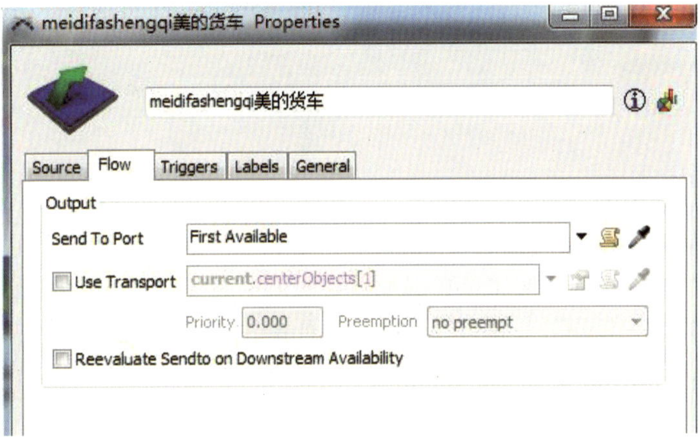

图 2－7－6　发生器的 Flow 界面

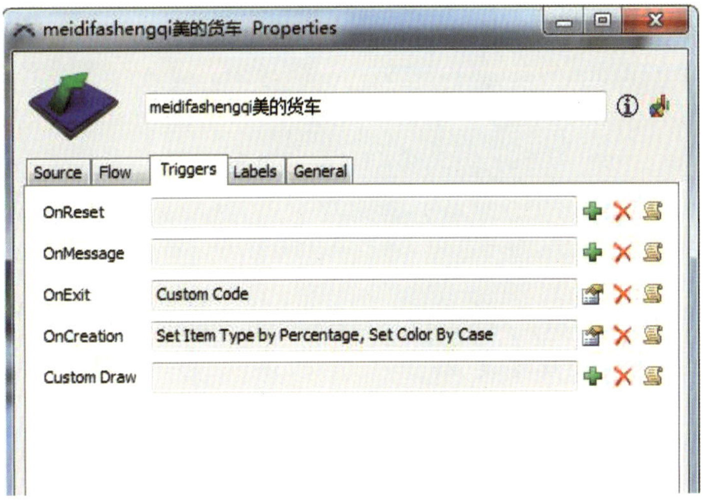

图 2－7－7　发生器的 Triggers 界面

按“空调”“彩电”“冰箱”“洗衣机”等的比例进行设置，如图 2-7-8 所示。

给每种大件电器产品设置不同的颜色：在“Set Color By Case”选项中进行设置，如图 2-7-9 所示。

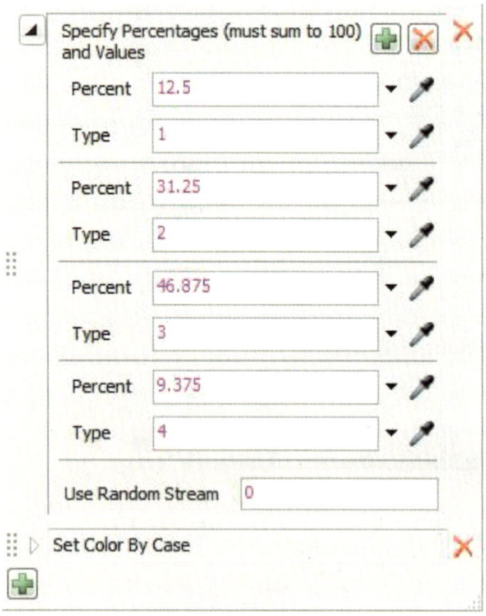

图 2-7-8　产品比例设置

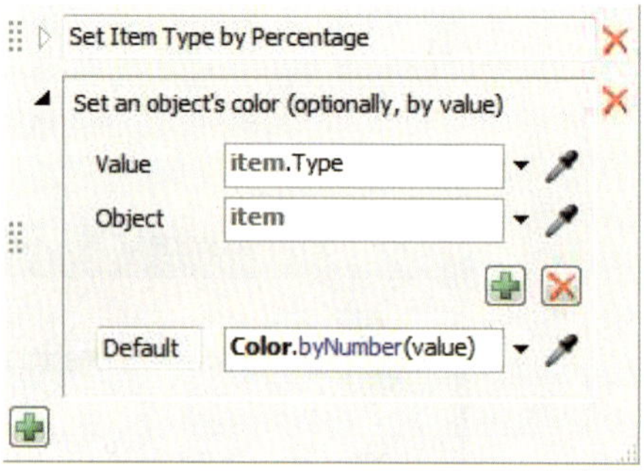

图 2-7-9　产品颜色设置

给每种大件电器产品的尺寸参数按本篇第四章中表 2-4-1 的数据进行设置，需要编写代码，可在“OnExit”一栏进行编写，代码编写如下：

```
if (item. Type= =1) {
    setsize (item, 0.91, 0.395, 0.997);
    } else if (item. Type= =2) {
    setsize (item, 1.2, 0.315, 0.9);
    } else if (item. Type= =3) {
    setsize (item, 0.85, 1, 1.85);
    } else if (item. Type= =4) {
    setsize (item, 0.66, 0.6, 1.06);
    }
```

海尔送货发生器、西门子送货发生器、其他品牌送货发生器都按此方法进行设置。

步骤四　收货平台模型建立

实训任务：建立收货平台模型（20 分钟），步骤如下：

根据第六章中表 2-6-4 所列的数据算出，收货平台如果按 40 英尺的货柜车的接收量计算，一般收货暂存量的平均停放时间在 1 小时左右，则暂存量可按 2 辆货车的量进行设置，最小存放量不少于 80 台，见表 2-7-2 所列。

表 2-7-2　收货平台的容量

产品名称	空调（台/天）	彩电（台/天）	冰箱（台/天）	洗衣机（台/天）	转换成托盘包装（托/天）	转换成收货车数（车/天）	收货平台可放置数量（台）
数量	40	100	150	30	130	8	80

接下来新建一个暂存器，用拼音和汉字进行命名“接收区 jieshouqu”，如图 2-7-10 所示。将最大容量设为 80。其他为默认选项。将四个送货的发生器与接收区相连。

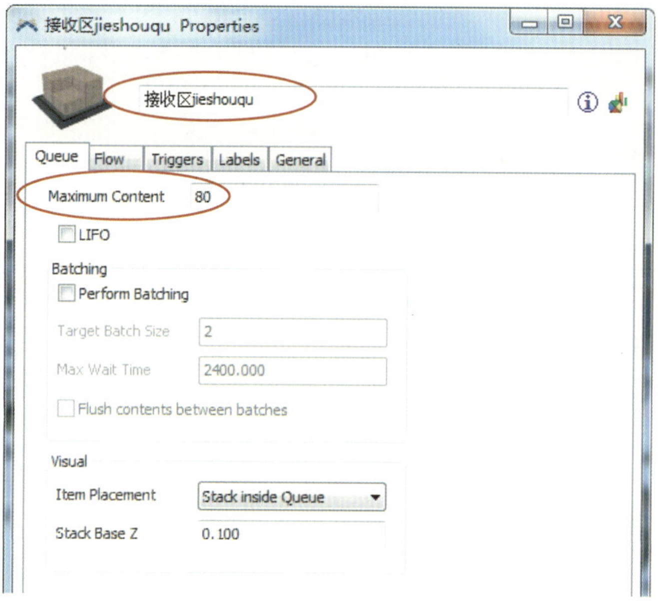

图 2-7-10　暂存区的“Queue”设置

步骤五　接收区模型建立

实训任务：建立接收区模型（15 分钟），步骤如下：

货物要从收货平台运到接收区，为了运输或存贮的方便，会在接收区对货物进行大致的分类，如可以按大件电器的种类分类放置。

新建输送带，将收货平台（暂存器）的货物进行分类。给输送带取名为“kongtiaoconveyor 空调”，“conveyor”的选项和参数设置为默认，在“Layout”界面中，将输送带的长度“Length”改为 2，长度不需要太长，如图 2-7-11。

在“Flow”界面选择拉式，如图 2-7-12 所示，在“Pull Requirement”选项中选择“Specific Item Type”，通过该选项设置来达到选择“空调”电器的目的，同时编写代码，将美的、海尔、西门子、其他品牌的空调送到该传送带，代码编写如下：

```
return item. Type = = type | | item. Type = = type + 4 | | item. Type = = type +
8 | | item. Type = = type + 12;
return item. Type = = type
```

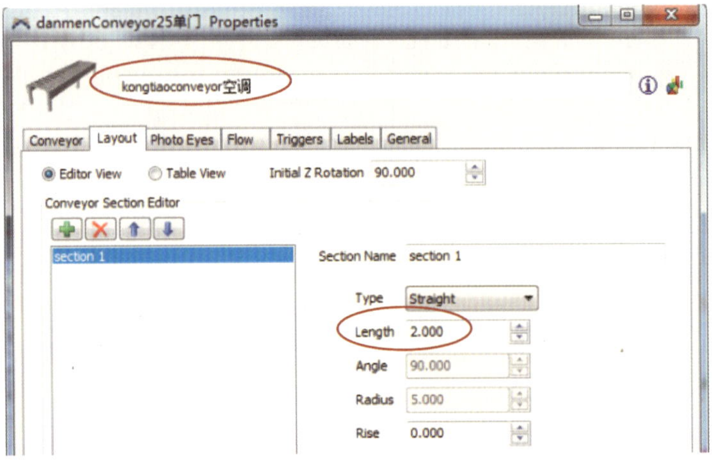

图 2-7-11　“Layout”界面参数设置

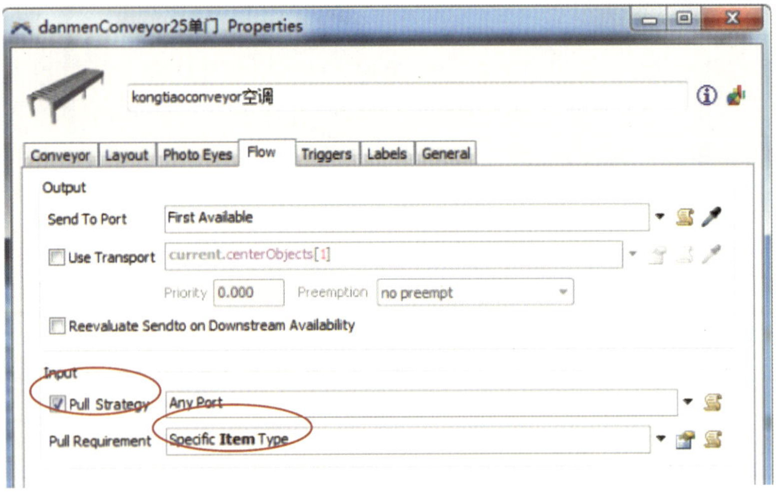

图 2-7-12　“Flow”界面参数设置

在输送带的后面建一个暂存区放分拣过的空调电器，给这个暂存器取名“kongtiaodairuku 空调”。输送带的前后端连接方式，如图 2-7-13 所示。

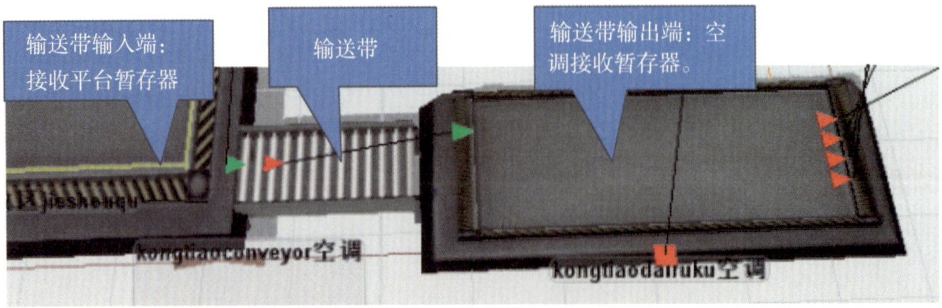

图 2-7-13　输送带的前后端连接方式

在输送带的常规选项中检查输入输出端的连接是否正确，如图 2-7-14 所示。

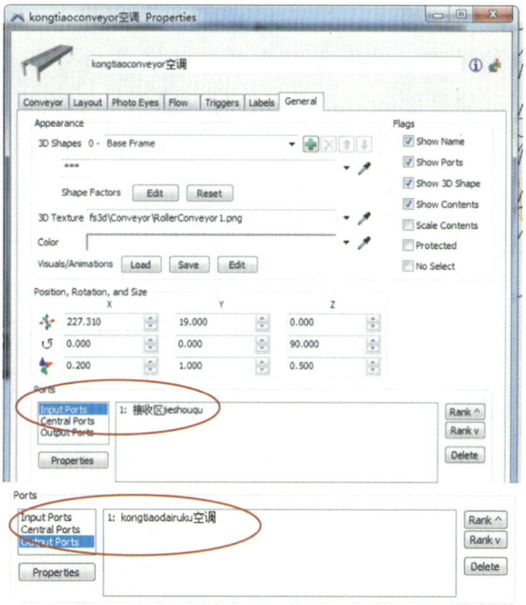

图 2-7-14　在输送带的常规选项中检查输入输出端的连接

彩电、冰箱、洗衣机等种类的分拣设置也类似，但在代码编写时，不要将产品编号写错。收货平台和接收区的模型搭建，如图 2-7-15 所示。

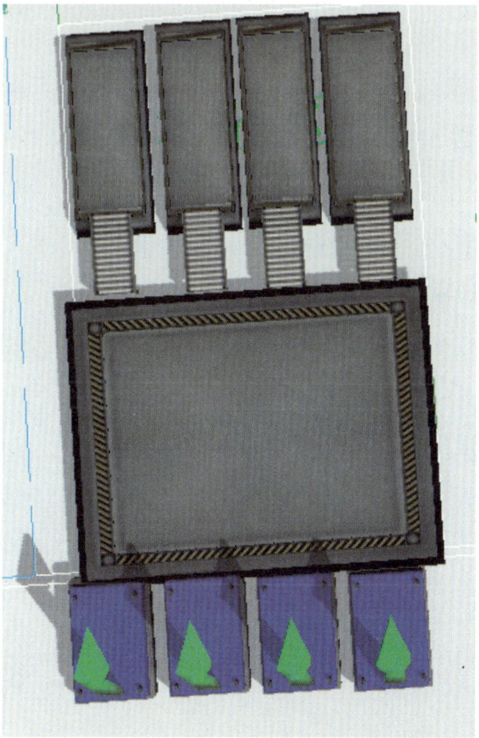

图 2-7-15　收货平台和接收区的模型搭建

步骤六　存储区模型建立

实训任务：建立存储区模型（15 分钟），步骤如下：

接下来要建存储区的模型，首先我们要对存储区进行分区，可以按不同品牌，如美的、海尔、西门子、其他品牌等方式进行存储区分类，根据第六章中表 2-6-3 所列可知道每种品牌的最大存储量，我们先建立美的存储区，建一个货架，取名为“meidirack 美的存储区”，在“Rack”界面进行参数设置。

美的产品最大存储量为“482”，最小存放时间计算方式按每天工作 8 小时计算，9 天×8 小时×3600 秒=259200 秒，订单发货时间间隔遵循泊松分布模式，如图 2-7-16 所示。

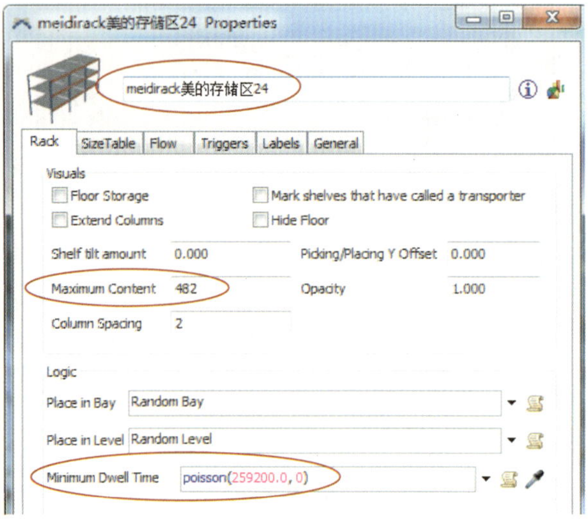

图 2-7-16　Rack 界面参数设置

还可以对货架的层数、长、层高等参数进行设置，在“Size Table”界面进行设置，如图 2-7-17 所示。

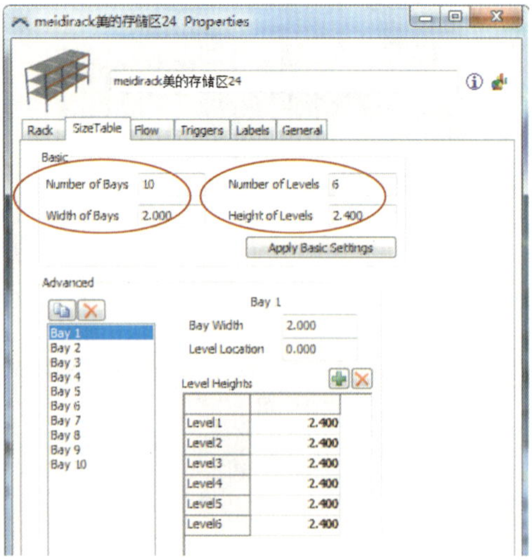

图 2-7-17　“Size Table”界面货架尺寸设置

将货架的输入端连接4个接收暂存器，可在"General"常规选项中检查输入端是否连接正确，如图2-7-18所示。

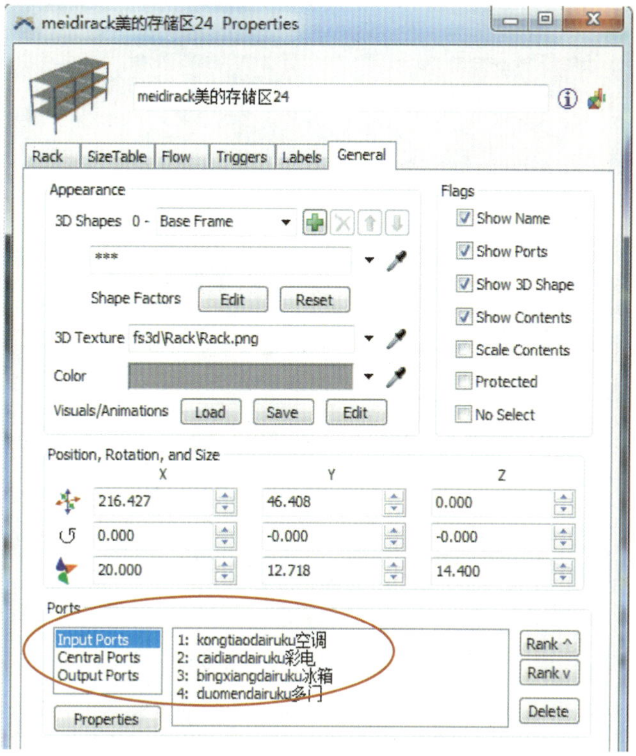

图2-7-18　"General"常规选项中检查输入端

海尔、西门子及其他品牌的存储区也按上述方式进行建模。

步骤七　发货拣选区模型建立

实训任务：建立发货拣选区模型（15分钟），步骤如下：

该仓储为8家门店，各门店的订单情况见表2-7-3所列，仓库对各门店所需的产品和数量进行拣选并打包。

表2-7-3　各门店每天订单量

品　牌	合成器输入端口数字	门店1	门店2	门店3	门店4	门店5	门店6	门店7	门店8
美的	2	6	8	8	6	10	12	8	6
海尔	3	12	14	16	10	12	10	14	8
西门子	4	6	8	8	6	10	12	8	6
其他品牌	5	12	14	16	10	12	10	14	8

新建一个合成器，专门执行门店1的拣选和打包，各输入端口数字与订单数字要相符合，在"Combiner"界面进行设置，如图2-7-19所示。

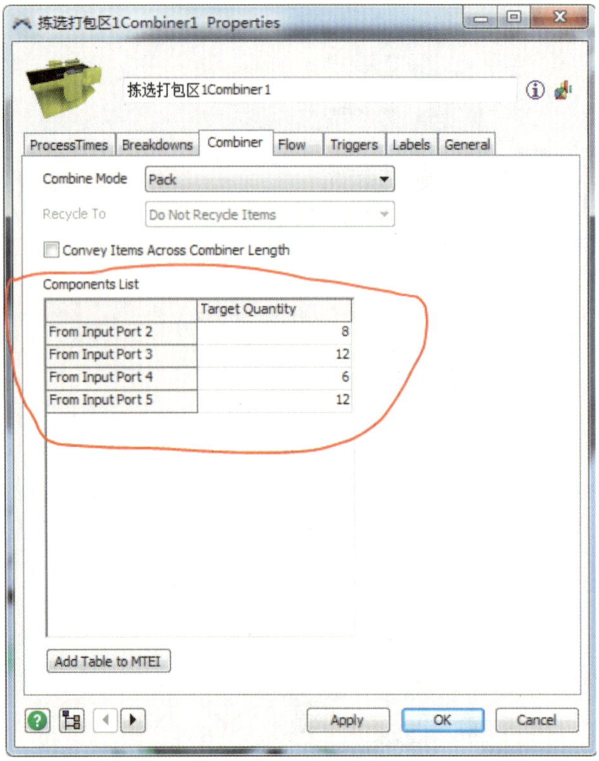

图 2－7－19　“Combiner”界面设置

假设每拣选一张订单需要 40 分钟，则在“Process Time”界面设置打包时间“2400”秒（即 40 分钟），如图 2－7－20 所示。

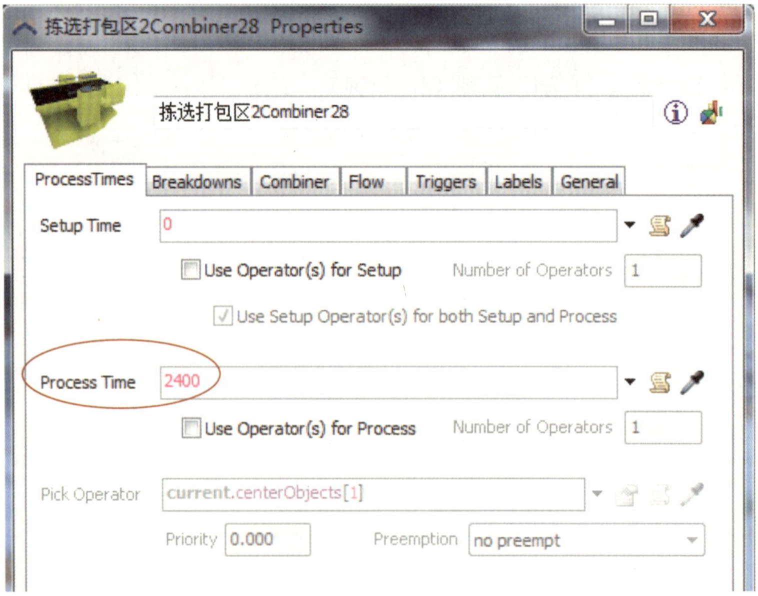

图 2－7－20　“Process Time”界面设置

还要为每个订单的产品用托盘进行打包，因此要新建一个托盘发生器，在托盘发生器的“Source”界面中，将流动实体“Flow Item Class”的形状选为托盘“Pallet”，如图 2－7－21 所示。

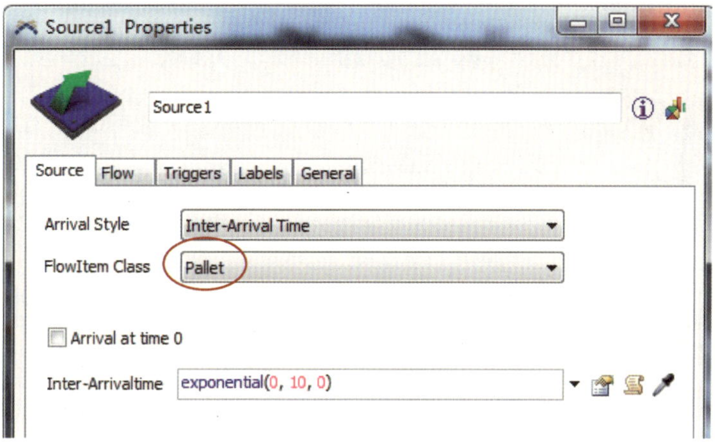

图 2－7－21　“Source”界面设置

将托盘发生器、美的存储区、海尔存储区、西门子存储区、其他品牌存储区分别按顺序接到合成器的输入端口，顺序不要乱，可在合成器的”General”界面选项中查看输入端是否连接正确，如图 2－7－22 所示。

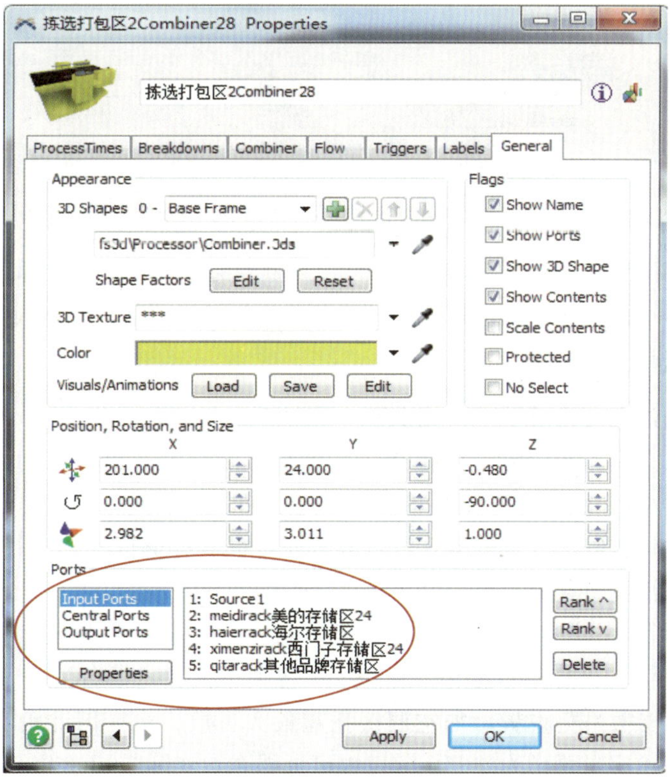

图 2－7－22　合成器的”General”界面

在合成器后面建一个发货暂存区，给该暂存器取名为“fahuozancunqu 发货暂存区”，并连到合成器的输出端。在合成器的“General”界面选项中查看输出端是否连接正确，如图 2-7-23。

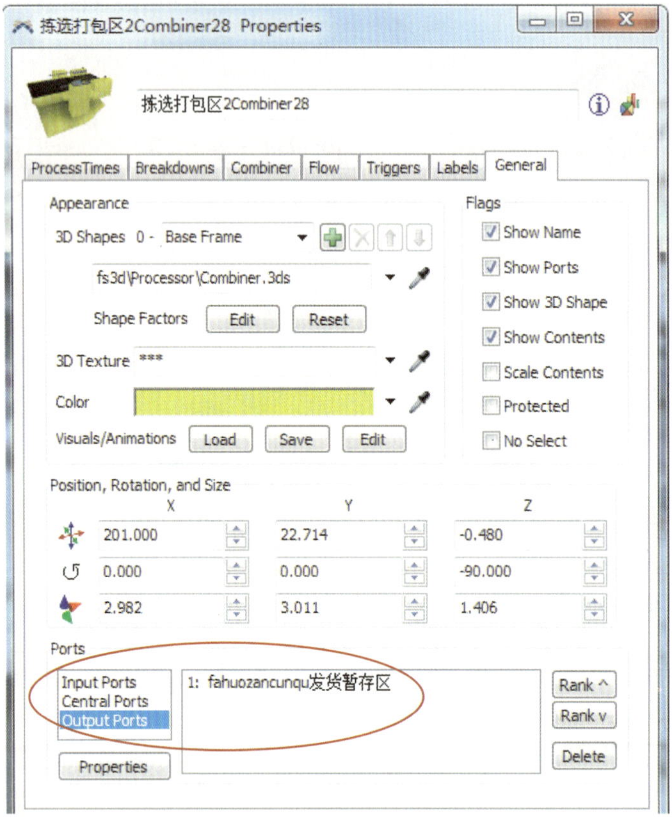

图 2-7-23　合成器的”General”界面

在发货暂存区后建一个吸收器“Sink”，发货暂存区暂存的货物都会发给吸收器。其余 7 个合成器也按上述方式进行设置，注意检查端口的设置是否正确。

步骤八　运输模型建立

实训任务：建立运输模型（15 分钟），步骤如下：

我们可以从仓库的作业流程中搭建运输模型，可以为库房配 4 辆运输机，每台运输机负责一种类型产品的入库运送和 1～2 个门店的发货运送，如运送空调的运输机的运输路线为：空调接收区（空调接收暂存器）→各品牌存储区→拣选打包区（合成器）→发货暂存区（出货暂存器）。

空调接收暂存器、拣选打包合成器、发货暂存区暂存器都与该运输机连接，运输机连接正确与否可在运输机的常规“General”界面中检查，如图 2-7-24 所示。

对运输机的参数进行设置，如空调每托盘最大可放 6 台，因此负责空调电器运输的运输机最大运输容量可设为“6”。速度也可根据企业实际进行设置，系统的速度单位默认为“米/秒”。在运输机的“Transporter”界面可进行参数设置，如图2-7-25所示。

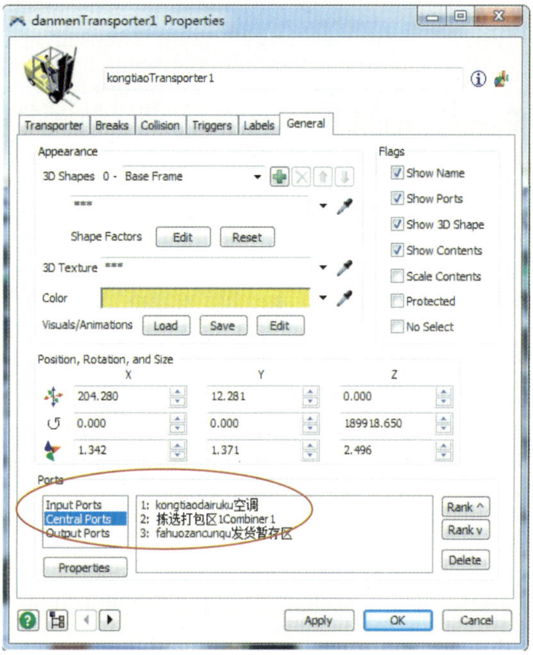

图 2－7－24　运输机的”General”界面

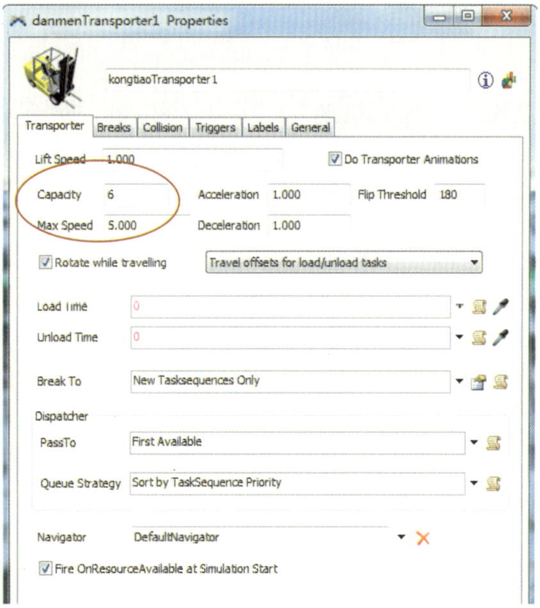

图 2－7－25　运输机的“Transporter”界面参数设置

其他三辆运输机可按照上述方法进行类似的设置。

同时要在空调接收暂存器、拣选打包合成器、发货暂存区暂存器这些固定实体的“Flow”界面，在“Use Transport”选项上打勾，如图 2－7－26 所示。

然后为运输机布置运输路径，新建一个“Network Node”，在要经过的路径上布设路网，点击“Network Node”，如图 2－7－27 所示。

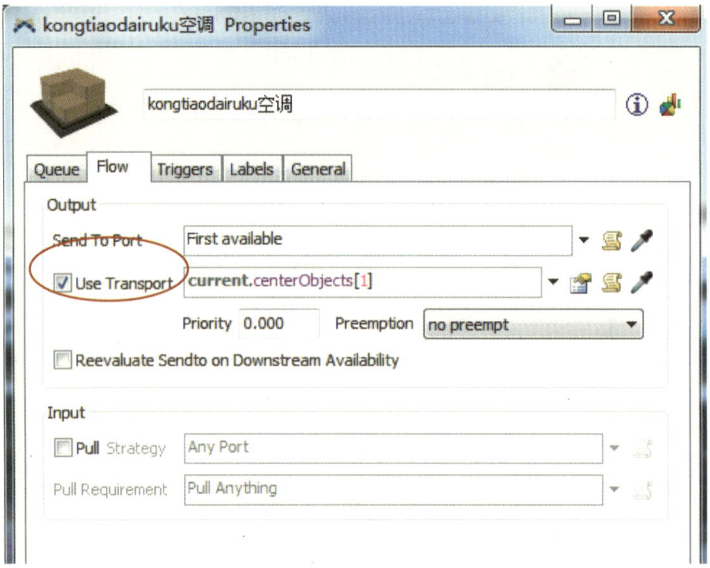

图 2-7-26 在“Use Transport”选项上打勾

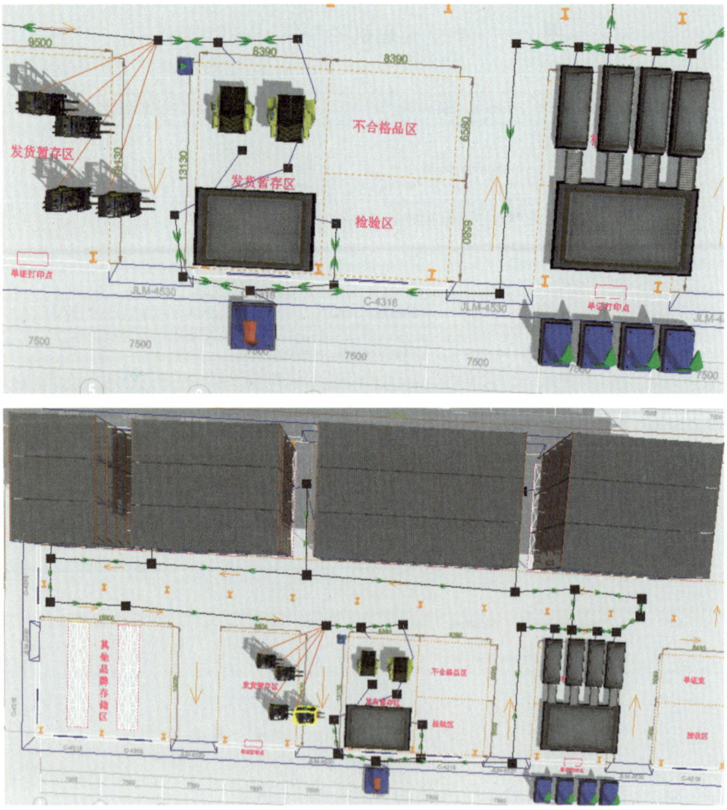

图 2-7-27 “NetworkNode”路径布置

所有模型搭建完成后，将模型的面积按照图纸的尺寸进行相应调整，并布置到图纸对应的位置。

步骤九 仓储物流仿真模型运行和统计

实训任务：仓储物流仿真模型运行和统计（15 分钟），步骤如下：

为验证模型的有效性，看看该仓储的布置是否存在物流的堵塞或作业的不均衡的问题，我们点击“Run”按钮，进行模型仿真运作，可对运行的速度进行调节，我们先运行半年左右的时间（按每天工作 8 小时计算），运行到“5708476”秒时停止，如图2-7-28所示。

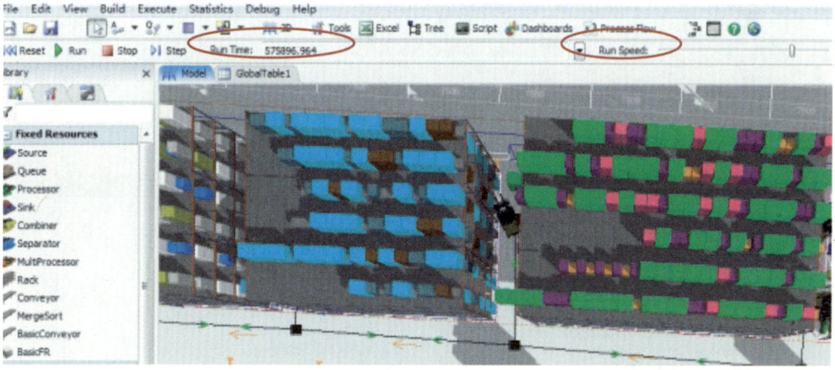

图 2-7-28 模型运行

为了能将仿真统计数据导出到 Excel 表，先要将 Excel. exe 运行文件导入到 Flexsim 软件中，操作方法是：点击 File→Global Preferences→Environment，在默认格式的应用“Default CSV Application”中将 Excel. exe 运行文件加载到 Flexsim 软件中，如图2-7-29所示。

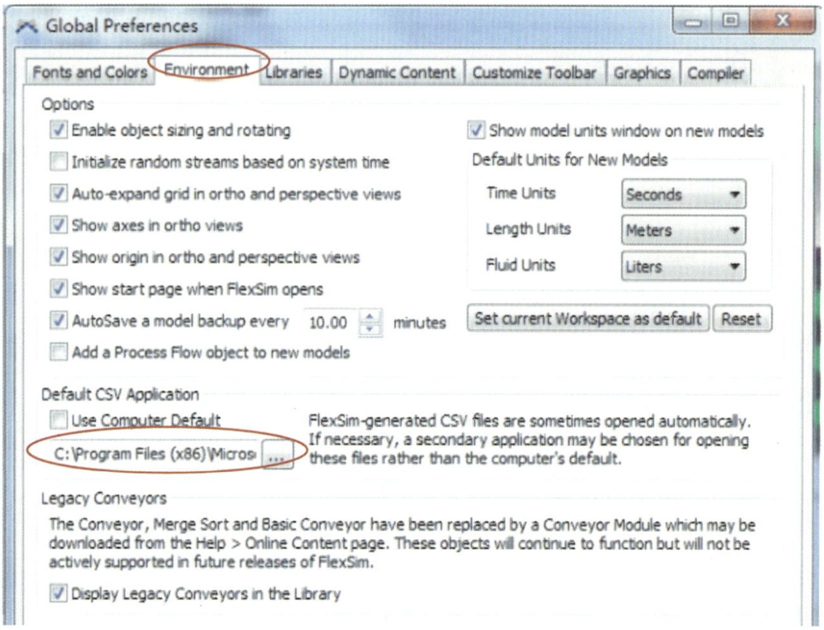

图 2-7-29 报表输出的默认格式设置

然后点击统计报告的菜单，如图 2-7-30（a）所示。

选择想要统计的项目，如闲置时间、堵塞时间等，如图 2-7-30（b）所示。

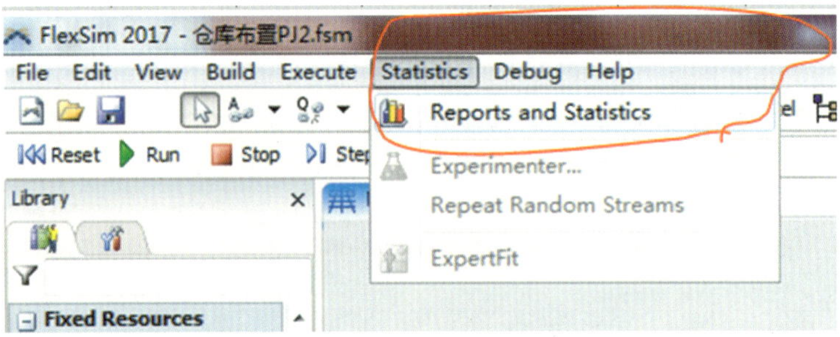

（a）

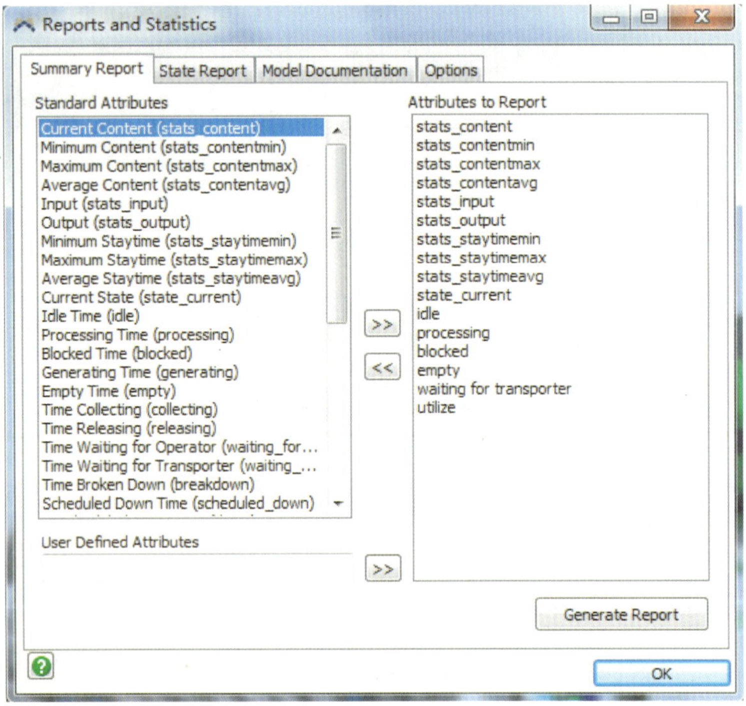

（b）

图 2-7-30　选择要统计的项目

我们可观察四台运输机的空闲时间有什么不同、输送器的堵塞情况是否严重等。数据统计表如图 2-7-31 所示。

步骤十　仓储物流仿真模型展示

实训任务：仓储物流仿真模型展示。（15 分钟）

模型完成后，请以小组为单位进行讨论，看看各自所建的仿真模型能否运行起来，存在什么问题，将小组成员的问题进行总结和归纳。讨论完毕后，请各小组选出大家一致认为最好的仿真模型进行展示，并由小组代表总结小组成员在仓储物流仿真模型建立存在的问题以及提出针对这些问题应加强或改进哪些方面的训练的建议。

Object	Class	s	s	s	s	s	s	s	s	s	state_cur	idle	proce	blocked(堵塞)	empty
meidifashengqi缇庣	Source										4	0	0	4072095.177	0
ximenzifashengqi瑗块棬瀛愯揣杞											4	0	0	4074334.177	0
meidirack缇庣殑瀛樺	Rack										1	5708476	0	0	0
鍦ㄥ敼鍖篝ieshouqu	Queue										8	0	0	0	505089
danmenConveyor25鍗	Conveyor										6	0	0	0	5619535
danmendairuku鍗曢棬	Queue										8	0	0	0	877597.7
shuangmenConveyor2	Conveyor										4	0	0	1463976.223	4108021
shuangmendairuku鍙	Queue										8	0	0	0	332650.7
chuhuopingtai鍑鸿揣	Queue										6	0	0	0	5698908
haierfashengqi娴峰	Source										4	0	0	4083810.177	0
qitaifashengqi鍏跺	Source										4	0	0	4088261.177	0
sanmendairuku涓夐棬	Queue										8	0	0	0	216871.4
sanmenConveyor27涓	Conveyor										4	0	0	4997608.089	389934.7
duomenConveyor24澶	Conveyor										6	0	0	13208.17677	5652656
duomendairuku澶氶棬	Queue										8	0	0	0	405862.8
haierrack娴峰皵瀛樺	723										5708476	0	0	0	0
ximenzirack瑗块棬瀛	Rack										1	5708476	0	0	0
qitarack鍏朵粬鍝佺	723										5708476	0	0	0	0
danmenTransporter1	Transporter										1	5652857	0	0	0
shuangmenTransport	Transporter										1	5579038	0	0	0
sanmenTransporter2	Transporter										1	5479713	0	0	0
duomenTransporter2	Transporter										1	5661895	0	0	0
鎷ｉ€夋墦鍖呭尯1Co	Combiner										1	3753324	2E+05	0	0
Source1	Source										4	0	0	5706561.937	0
鎷ｉ€夋墦鍖呭尯2Co	Combiner										7	264991.9	2E+05	0	0
Sink1	Sink										7	0	0	0	0

图 2-7-31　数据统计表

四、实训报告要求

实训（实习）日志和实训（实习）报告一律打印上交，报告字数不少 1000 字。报告需包括以下内容：

（1）本次实训目的。

（2）请根据实训指导书中的要求做出仓储物流系统仿真模型。

（3）本次实训发现的问题和建议。

（4）本次实训的总结。

第三篇 配送中心的布置设计

实训目标

（一）知识目标

（1）了解物流中心的定义和功能

（2）了解配送中心的定义和功能

（3）了解配送中心规划和布置的主要内容

（4）了解配送中心规划设计的流程

（5）了解配送中心规划设计中基础资料收集的内容

（6）了解配送中心的选址原则

（7）了解配送中心功能区规划的内容

（8）了解功能区布局的常用方法

（9）了解配送中心平面布置的方式

（二）技能目标

（1）掌握物流动线的选择方法

（2）掌握配送中心的规划流程

（3）掌握用 CAD 软件或 Visio 软件进行配送中心的功能布局

（4）掌握配送中心的布局方案的评价方法

（5）掌握 FIE 布局与物流规划软件的操作和应用

课时安排

参考课时：12 课时，其中理论 2 课时，实训 10 课时。

第一章　物流中心和配送中心简介

课前思考

同学们，知道什么是配送中心吗？它有什么功能？你了解它的作业流程吗？它和物流中心有什么区别？如果要进行配送中心的布置设计，我们要考虑哪些方面的问题？

同学们，前面我们已经学习如何做仓库的布置设计，接下来我们将进行更为复杂的实训，即学习如何做配送中心的布置设计。配送中心的面积比仓库大，涉及的部门更多，作业流程更为复杂，想做好配送中心的布置设计，需要熟悉配送的工作流程，并有丰富的相关工作经验，且掌握相关的设施布置的方法。

我们学习配送中心的布置设计，不仅是培养同学们的技能，重要的是培养同学们的系统思维方式，有助于你们日后在处理物流工作时，能做到全面性、系统性。

在做实训前，我们先来简单了解一下配送中心规划与设计方面的知识。由于配送中心规划与设计方面的内容太多，我们只选取了部分内容，感兴趣的同学可找相关书籍进行深入的学习。

根据国家标准《物流术语》GB/T 18354—2006，物流中心和配送中心的定义见表3－1－1所列：

表3－1－1　物流中心和配送中心的定义要求表

物流中心	配送中心
从事物流活动的场所或组织，应基本符合下列要求： （1）主要面向社会服务 （2）物流功能健全 （3）完善的信息网络 （4）辐射范围大 （5）少品种、大批量 （6）存储、吞吐能力强： （7）物流业务统一经营、管理	从事配送业务的物流场所或组织，应符合的要求： （1）主要为特定的用户服务 （2）配送功能健全 （3）完善的信息网络 （4）辐射范围小 （5）多品种、小批量 （6）以配送为主，储存为辅

第一节　物流中心的类型和功能

一、物流中心的类型

物流中心的类型主要有：

1. 集货中心
2. 送货中心
3. 转运中心
4. 加工中心
5. 配送中心
6. 物资中心

（一）集货中心

建立集货中心的目的是使原来分散的、小批量的、规格质量混杂的、不容易进行批量运输和销售的货物，经过集货中心处理，形成批量运输的起点，从而实现大批量、高效率、低成本和快速的快递运作。这样的物流中心通常多分布在小企业群、农业区、果业区、牧业区等地域。集货中心的主要功能是：

1. 集中货物
2. 初级加工
3. 运输包装
4. 集装作业
5. 货物仓储

（二）配送中心

配送中心将取货、集货、包装、仓库、装卸、分货、配货、加工、信息服务、送货等多种服务功能融为一体的物流据点，也称为配送中心（城市集配中心）。配送中心是物流功能较为完善的一类物流中心，应分布于城市边缘且交通方便的地带。

（三）送货中心

送货中心将大批量运抵的货物换装成小批量货物并送到用户手中的物流据点。其主要功能是：

1. 分装货物，大包装货物换装成小包装货物；
2. 分送货物，送货至零售商、用户；
3. 货物仓储等。

（四）转运中心

实现不同运输方式或同种运输方式联合（接力）运输的物流设施，通常称为多式联运站、集装箱中转站、货运中转站等。这类物流中心的主要功能是：

1. 货物中转，不同运输设备间货物装卸中转；

2. 货物集散与配载，集零为整、化整为零，针对不同目地进行配载作业；

3. 货物仓储及其他服务等。

（五）加工中心

加工中心将运抵的货物经过流通加工后运送到用户或使用地点。这类物流据点侧重于对原料、材料、产品等的流通加工需要，配有专用设备和生产设施。经过流通加工后的货物再通过使用专用车辆、专用设备（装置）以及相应的专用设施进行作业，如冷藏车、冷藏仓库，煤浆输送管道、煤浆加压设施，水泥散装车、预制现场等，可以提高物流质量、效率并降低物流成本。

（六）物资中心

物资中心是依托于各类物资、商品交易市场，进行集货、储存、包装、装卸、物流运输配货、送货、信息咨询、货运代理等服务的物资商品集散场所，一些集团企业的物流中心，就是依托于各类物资交易市场而形成的。

二、物流中心的功能

（一）运输功能

物流中心需要拥有或租赁一定规模的运输工具，具有竞争优势的物流中心不只是一个点，而是一个覆盖全国的网络。因此，物流中心首先应该选择为客户的负责，满足客户需求的运输方式，然后具体组织网络内部的运输作业，在规定的时间内将客户的商品运抵目的地。

（二）储存功能

物流中心需要有仓储设施，要通过仓储环节保证市场分销活动的开展，同时尽可能降低库存占压的资金，减少储存成本。因此，公共型物流中心需要配备高效率的分拣、传送、储存、拣选设备。

（三）装卸搬运功能

公共型的物流中心应该配备专业化的装载、卸载、提升、运送、码垛等装卸搬运机械，以提高装卸搬运作业效率，减少作业对商品造成的损毁。

（四）包装功能

物流中心的包装作业的目的不是要改变商品的销售包装，而在于通过对销售包装进行组合、拼配、加固，形成适合于物流和配送的组合包装单元。

（五）流通加工功能

主要目的是方便生产或销售，公共物流中心常常与固定的制造商或分销商进行长期合作，为制造商或分销商完成一定的加工作业。物流中心必须具备的基本加工职能有贴标签、制作并粘贴条形码等。

（六）物流信息处理功能

由于物流中心现在已经离不开计算机，因此将在各个物流环节的各种物流作业中产生的物流信息进行实时采集、分析、传递，并向货主提供各种作业明细信息及咨询信息，这对现代物流中心是相当重要的。

从一些发达国家的物流中心具体实际来看，物流中心还具有以下增值性功能：结算功能、需求预测功能、物流系统设计咨询功能、物流教育与培训功能等。

第二节　配送中心的类型和功能

一、配送中心的分类

（一）按配送中心的经济功能分类

1. 供应型配送中心

特点：供应型配送中心担负着向多家用户供应商品，起着供应商的作用，因此，这类配送中心占地面积比较大，一般建有大型的现代化仓库并储存一定数量的商品。

2. 销售型配送中心

特点：销售型配送中心是以销售商品为目的，借助配送这一服务手段来开展经营活动的配送中心。这类配送中心主要有两种类型：

（1）生产企业为本身产品直接销售给用户的配送中心。在国内外，这种类型的配送中心有很多；

（2）流通企业建立的配送中心。作为本身经营的一种方式，流通企业建立配送中心以扩大销售。国内已建或拟建的生产资料配送中心，多属于这种类型。

3. 储存型配送中心

特点：储存型配送中心是以储存功能为主，在充分发挥储存作用的基础上开展配送活动。

例如，美国福来明公司的食品配送中心的建筑面积为 7 万平方米，其中，包括 4 万平方米的冷库、3 万平方米的杂货仓库，经营商品达 8 万多种。

4. 加工型配送中心

特点：加工型配送中心主要功能是对商品进行流通加工，在配送中心对商品进行清洗、组装、分解、集装等加工活动。

例如：在我国一些城市已广泛开展的配煤配送、水泥配送等都属于加工型配送中心。

（二）按配送中心归属分类

1. 自有型配送中心

特点：自有型配送中心是指隶属于某一个企业或企业集团，通常只为本企业提供配送服务。

连锁经营的企业常常建有这类配送中心，如美国沃尔玛公司所属的配送中心、辽宁成大方圆连锁公司的配送中心等就是公司独资建立并专门为本公司所属的连锁企业提供商品配送服务的自有型配送中心。

2. 公共型配送中心

特点：公共型配送中心是以营利为目的，面向社会开展后勤服务的配送组织。其特点是服务范围不限于某一个企业。

在配送中心总量中，这种配送组织占有相当大的比例，并随着经济的发展其比例还会提高。

（三）按配送中心辐射服务范围分类

1. 城市配送中心

概念：城市配送中心是以城市为范围内的用户提供配送服务的物流组织。

特点：多品种、小批量，配送距离短，要求反应能力强，提供门到门的配送服务，根据城市道路的特点，其运载工具常为小型汽车。

配送对象：多为连锁零售企业的门店和最终消费者，如我国很多城市的食品配送中心、菜篮子配送中心等都属于城市配送中心。

2. 区域配送中心

概念：区域配送中心库存商品充分，辐射能力强，配送范围广，可以跨省、市开展配送业务。

特点：这种配送中心规模较大，客户较多，配送批量也较大。

配送对象：经常是下一级的配送中心、零售商或生产企业用户，如前所述的美国沃尔玛公司的配送中心，建筑面积 12 万平方米，每天可为 6 个州 100 家连锁店配送商品。

二、配送中心功能

（一）储存功能

配送中心必须按照用户的要求，在规定的时间和地点把商品送到客户手中，以满足生产和消费的需要。因此，必须储存一定数量的商品以保证配送服务所需要的货源。无论何种类型的配送中心，储存功能都是重要的功能之一。

（二）集散功能

集散功能是配送中心的一项基本功能，通过集散商品来调节生产与消费，实现资源的合理配置，并由此降低物流成本。

（三）衔接功能

配送中心是重要的流通结点，衔接着生产和消费，通过配送服务，把各种商品运送到用户手中。同时，通过集货和储存商品，配送中心又有平衡供求的作用。

（四）分拣功能

配送中心必须通过分拣作业完成商品的配货工作，为配送运输做好准备，以满足用户的不同需要。分拣功能是配送中心与普通仓库的主要区别。

（五）加工功能

配送中心为扩大经营范围和提高配送服务水平，按用户的要求根据合理配送的原则对商品进行分装、组装、贴标签等初加工活动，使配送中心拥有一定的加工能力。

（六）信息功能

配送中心不仅能实现物的流通，而且也能通过信息处理来协调各个环节的作业，协调生产与消费。信息化、网络化、自动化是配送中心的发展趋势，信息系统越来越成为配送中心的重要组成部分。

三、配送中心的作业流程

配送中心的作业流程，如图 3－1－1 所示。

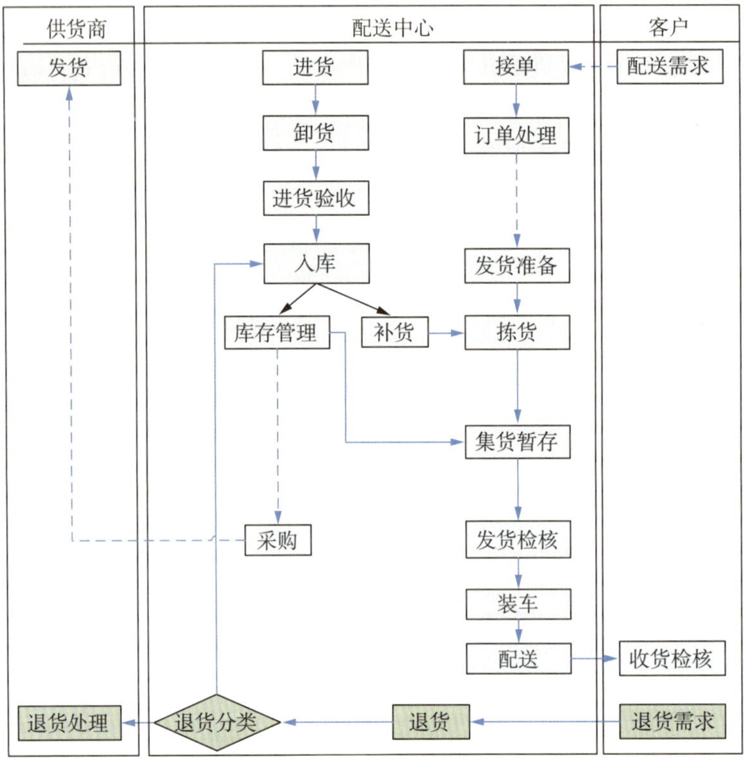

图 3－1－1　配送中心的作业流程

（一）订单处理

配送中心与其他经营实体一样，有明确的经营目标和服务对象。因此，在配送中心开展配送活动之前，必须根据订单信息，对顾客分布情况、商品特性、商品品项数、顾客对配送时间要求等资料进行分析，以此确定所要配送的商品品种、规格、数量和时间等，并把信息传递给业务部门。

（二）进货作业

配送中心的进货主要包括进货计划分析、接货和验收入库主要三个环节。

（1）进货计划分析。进货计划制定的基础及依据是采购计划、进货因素及配合存储作业；

(2) 接货。当供应商接到配送中心或用户发出的订单之后，会根据订单的要求组织供货，配送中心则需要进行相应的人力、物力准备工作；

(3) 验收入库。商品达到配送中心后，由配送中心组织检验人员对到货商品进行验收，验收的内容包括数量、质量验收等。

（三）存储作业

为保证配送活动正常进行，配送中心具有储存的作业，不同类型的配送中心库存量相差很大。配销模式的配送中心需要储存大量的商品，以获得价格或数量方面的折扣。

（四）分拣作业

为了保证商品准时送达客户手中，满足客户的需要，配送中心要根据客户订单要求对储存的商品进行拣取归类作业。从地位和作用上来说，分拣是配送中心整个作业流程的关键环节，配送活动的实质所在。

（五）流通加工作业

配送中心的流通加工主要是根据客户的要求所进行初加工活动，加工作业属于增值性经济活动，能够完善配送中心的服务功能。

（六）配装出货

为了充分利用载货车辆的容积和载重能力，提高运输效率，降低运输成本，配送中心按照配送线路、客户分布情况等因素对配送商品进行合理的配装、配载作业。

（七）送货

送货是根据客户的要求，在准确的时间和准确的地点把商品送到客户手中的作业。送货是配送中心的最后一个作业环节，直接面对最终客户，因此必须提高送货人员的服务质量。

练习与思考

1. 请简述物流中心的类型及功能有哪些？
2. 请简述配送中心的类型及其功能有哪些？
3. 请简述配送中心的作业流程有哪些？

第二章　配送中心的规划和布置

第一节　配送中心规划和设计的主要内容和流程

配送中心的规划设计是一项系统工程，包括设施选址、物流功能规划设计、物流设施规划设计、信息系统规划设计、运营系统规划设计等多方面的内容。

一、配送中心规划和设计的主要内容

（一）设施选址

配送中心位置的选择，将显著影响实际营运的效率与成本，以及日后仓储规模的扩充和发展。配送中心拥有众多建筑物、构筑物以及固定机械设备，一旦建成很难搬迁，如果选址不当，将付出长远代价。

（二）物流功能规划设计

物流功能规划设计将配送中心作为一个整体的物流系统，依据确定的目标，规划应具备的一般物流功能和其他特色功能。配送中心的功能规划首先需要对配送中心的运输、保管、包装、装卸搬运、流通加工、配送、物流信息等功能要素进行分析，然后综合物流需求的形式、发展战略等因素选择配送中心应该具备的功能和功能分区等条件。

（三）物流设施规划设计

配送中心的设施设备是保证配送中心正常运作的必要条件。设施设备规划涉及建筑形式、空间布局、设备安置等多方面问题，需要运用系统分析的方法求得整体优化，最大限度地减少物料搬运、简化作业流程，创造良好、舒适的工作环境。一般包括原有设施设备分析、设施的内部布局、设备造型规划、公用设施规划等。

（四）信息系统规划设计

信息化、网络化、自动化是配送中心的发展趋势，因而信息系统规划设计是配送中心规划设计的重要组成部分。信息系统规划设计一般包括网络平台架构及内部的管理信息系统分析与设计。在规划设计中既要考虑满足配送中心内部作业的要求、有助于提高物流作业的效率，又要考虑与配送中心外部的信息系统相连接，方便及时获取

和处理各种信息。

（五）运营系统规划设计

运营系统规划设计包括：作业程序与标准；管理方法和各项规章制度；对各种票据的处理和各种作业指示图；设备的维修制度和系统异常事故的对策设计等内容。

配送中心规划设计包括：新建配送中心的规划设计和对原有物流企业或企业的物流部门向配送中心转型的改造规划设计。

二、配送中心规划设计的流程

配送中心规划设计的流程通常包括筹划准备、规划实施和方案评估三个阶段，详细步骤如图 3-2-1 所示。

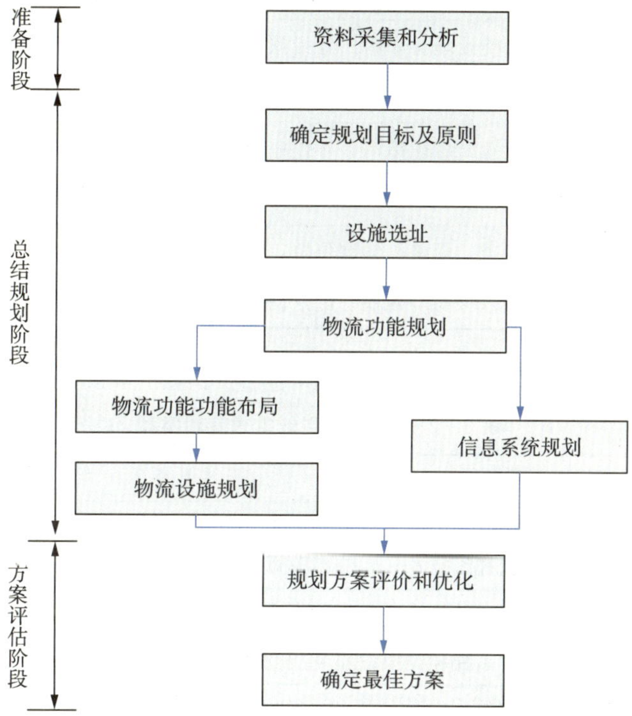

图 3-2-1　配送中心规划设计流程

第二节　基础资料收集

配送中心规划设计中所要收集的基础资料包括现行作业资料和未来规划需求资料两部分。其中，现行资料主要针对配送中心的定位和现实需求的确定，而未来资料是面向配送中心未来在目标市场和服务区域发展需要的确定。调查采集方法包括现场访问、网上调研及对实际使用的表单进行搜集等。具体所需的资料类型详见表 3-2-1 和

表 3－2－2 所列。资料的分析方法，在本书第二篇的章节中有大量叙述，本章不再赘述。

1. 现行作业资料

表 3－2－1　现行作业资料类型

资料类型	资料内容
基本营运资料	业务类型、营业额、运输车辆数、供应商和用户数量等
商品资料	产品类型、品种规格、品项数、供货渠道和保管形式等
订单资料	商品种类、名称、数量、单位、订货和交货日期、生产厂家等
货物特征	货物形态、温湿度要求、腐蚀变质特性、规格、包装形式等
销售资料	按商品、种类、用途、地区、客户及时间等的统计结果
作业流程	进货、搬运、储存、拣选、补货、流通加工、配送、退货等
事务流程与单据传递	按单分类处理、采购任务指派、发货计划传送、相关库存及财务管理等
厂房设施资料	厂房结构与规模、地理环境与交通特性、主要设备规模、生产能力等
人力与作业工时资料	机构设置、组织结构、各作业区人数、工作时数、作业时序分布等
物料搬运资料	进货及发货频率、数量、在库搬运车辆类型及能力、作业形式等
供货厂商资料	供货种类、规格、地理位置，厂商规模、交货能力，厂商总数、分布等
配送网点与分布	配送网点分布与规模、配送路线、交通状况、特殊配送要求等

2. 未来规划需求资料

表 3－2－2　未来规划需求资料类型

资料类型	资料内容
运营策略和中长期发展计划	国家经济发展和产业政策走向、区域（城市）发展规划、企业未来发展、国际现代物流技术、国外相关行业发展趋势等
商品未来需求变化	商品现在销售增长率、未来商品需求预测、未来消费增长预测
商品品项变化趋势	商品在品种和类型方面可能变化的趋势
配送中心未来可能的发展规模和水平	可能的预定地址和面积、作业实施限制与范围、预算范围、未来扩充需求等

第三节　配送中心的选址

（一）配送中心的选址原则

配送中心的选址应符合以下原则：

（1）适应性原则

（2）协调性原则

(3) 经济性原则

(4) 战略性原则

(二) 配送中心选址的影响因素

配送中心选址的影响因素主要有:

(1) 自然环境因素

(2) 经营环境因素

① 经营环境

② 顾客需求分布

③ 物流费用

(3) 基础设施状况

(4) 其他因素

(三) 配送中心选址注意事项

1. 不同类型配送中心选址时的主要事项

(1) 转运型配送中心以商品转运、短期储存为主,商品周转速度快,大多采用多式联运方式转运,因此,转运型配送中心应设置在市郊交通枢纽地段;

(2) 储存型配送中心以储存商品为主,商品储存时间长,商品进出形式多为大批大量,一般应设置在城市郊区的地段,且具备直接而方便的水陆运输条件。

2. 经营不同商品的配送中心选址时的注意事项

(1) 果品蔬菜配送中心。果品蔬菜配送中心应选择入城干道处,以免运输距离过长,商品损耗多大;

(2) 冷藏品配送中心。冷藏品配送中心往往选择在屠宰厂、加工厂、毛皮处理厂等附近;

(3) 建筑材料配送中心。通常建筑材料配送中心的物流量大、占地多,可能会产生某些环境污染问题,有严格的防火等安全要求,应选择在城市边缘交通运输干线附近;

(4) 燃料配送中心。石油、煤炭等燃料配送中心应满足防火要求,选择城郊的独立地段。

第四节 配送中心功能区规划

(一) 配送中心流程分析

配送中心的作业流程见上一章内容。

(二) 作业区域规划

1. 物流作业区域规划

一般配送中心的物流作业流程及对应的作业区域,见表 3-2-3 所列。

表 3-2-3 配送中心的物流作业流程及对应的作业区域

作业主流程	作业子流程	主要涉及区域
进货入库	预收货	进货月台
	卸货	入库暂存区
	验货	入库验货区
	入库上架	存储区
仓储与库存管理	盘点	存储区
	库存安全	存储区
订单处理	接单	办公室
	库存分配	办公室
补货和拣货	补货	拣货分货区
	拣选	拣货分货区
流通加工	包装	流通加工区
	标示	流通加工区
出货作业	复核	出货合流区
	合流	出货合流区
	点货上车	出货月台
返品作业	返品处理	返品处理区

2. 外围辅助活动区域规划

（1）厂房使用配合作业项目及对应的作业区域，见表 3-2-4 所列。

表 3-2-4 厂房使用配合作业项目及对应的作业区域

序号	作业项目	作业区域
1	电气设备使用	变电室/配电室/电话交换室
2	动力及空调设备使用	空调机房/动力间/空压机房
3	安全消防设施使用	安全警报管制室
4	设备维修工具器材存放	设备维修间/工具间/器材室
5	日常消耗品储存	物料存放间
6	人员出入	大厅/走廊
7	人员车辆通行	主要通道/辅助通道
8	楼层间通行	电梯间/楼梯间
9	机械搬运设备停放	搬运设备停放区

（2）办公事务项目及对应的作业区域，见表 3-2-5 所列。

表 3-2-5　办公事务项目及对应的作业区域

序号	作业项目	作业区域
1	办公活动	主管办公室/一般办公室/总机室
2	会议与人员培训	会议室/培训教室
3	接待厂商来宾	接待室
4	资料储存管理	资料室/收发室
5	计算机系统使用	计算机作业室/机房/档案室

（3）劳务性质活动项目及对应的作业区域，见表 3-2-6 所列。

表 3-2-6　劳务性质活动项目及对应的作业区域

序号	作业项目	作业区域
1	盥洗	盥洗室
2	员工休闲	休息室/吸烟室/康乐室
3	急救医疗	医务室
4	厂商司机休息	司机休息室
5	员工用餐	餐厅/厨房

（4）厂区相关活动项目及对应的作业区域，见表 3-2-7 所列。

表 3-2-7　厂区相关活动项目及对应的作业区域

序号	作业项目	作业区域
1	警卫值勤	警卫室
2	员工车辆停放	公共停车场
3	厂区交通	厂区通道/厂区大门
4	厂区扩充	厂区扩充预留地
5	环境美化	绿化区

（三）功能区布局

常用的功能区布局方法有关联线图法和动线布局法。

1. 关联线图法

关联线图法沿用了系统布置设计方法（SLP）的设计思路，它最大程度吸纳了已有的作业情况，获得了各个功能区之间的相关性，对布局有指导意义，但形成布局方案的过程较为烦琐，需要根据其他约束条件不断调整和修正，较难掌握。

2. 动线布局法

物流动线是作业流程与物理场所相结合形成的空间关系，充分体现了功能区之间的物流关系。动线布局法将功能区之间的物流关系作为布局的核心因素，非物流关系则列为次要考虑，对以物流活动为主的配送中心来说是切实可行的。

（1）物流动线的基本类型

常用物流动线有以下六种类型，如图 3-2-2 所示。

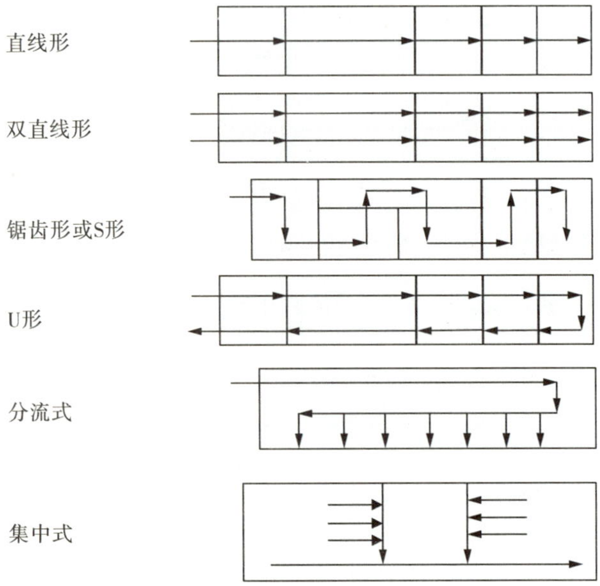

图 3-2-2　常用物流动线类型

常用物流动线的适用范围，见表 3-2-8 所列。

表 3-2-8　常用物流动线的适用范围

动线类型	出入口分布	物流作业特征
直线式	厂房异侧	流程简单且规模较小
双直线式	厂房异侧	流程相似但有不同进出货形态或作业需求
U 型	厂房同侧	各类货物的进出货频率差距明显，需要实施存储分区
锯齿形	厂房异侧	适用于布设多排并列的仓储货架区的配送中心
分流式	厂房异侧	适用于需要进行批量拣取的配送中心
集中式	厂房异侧	适用于采用订单分割在不同区域拣取后集货的拣货方式的配送中心

（四）功能区布局的主要步骤

1. 设定功能区模板

将各功能区依其所估计的面积大小与长宽比例制作成模板，在设定模板时应明确哪些功能区具有较大柔性，在布局时可适当进行调整以满足厂房的实际条件约束。

2. 物流功能区布设

物流功能区的布设以物流活动的流程为依据，大体上依作业流程顺序对功能区位置进行设定。

首先应考虑面积较大且长宽比不易变动的功能区（如自动仓库、分类输送区等需应用大型自动化机械的区域，其区域设置受到机械设备占地的约束），参考其在动线和流程中的相对位置预先进行布设；然后再按顺序插入面积较小、长宽比限制较小的功能区。

3. 非物流功能区布设

物流功能区布设完毕后，再根据非物流功能区（主要是行政办公和一些配套的修理间、机房等）的设置需求调整出非物流功能区模板的用地。考虑到工作人员的进出方便，一般办公区都会设置在出入口附近。

4. 整体布局调整

完成初步布局后，根据各功能区的设置需要进行微调，充分利用厂房空间，并使各功能区间的动线进一步流畅，各功能区得以分配到合理的位置和面积，形成功能区的初步布局方案。

5. 布局方案的修正

以既得的初步布局方案为基础，针对配送中心规划应遵守的相关规则和规范，对布局方案进行进一步的修正，最终获得若干可行的平面布局方案。具体修正因素包括：

（1）厂房与土地面积比例：厂房建筑密度、建筑限高、容积率、绿化率等因素；

（2）厂房建筑的特性：建筑造型、长宽比、柱位跨距、梁高等限制或需求；

（3）法规限制：土地建筑法规、环保卫生安全相关法规、劳动法等因素；

（4）交通出入限制：交通出入口及所在区域的特殊限制等因素；

（5）其他：如经费预算限制、政策配合因素等。

（五）影响仓储区面积利用率的主要因素

影响仓储区面积利用率的主要因素有货架类型、仓储作业设备和储位深度等三个方面：

1. 货架类型

在同等高度情况下，常用货架类型对应的仓库面积利用率可参考表 3－2－9 所列。

表 3－2－9　常用货架类型对应的仓库面积利用率

序号	仓库系统	面积利用率（%）
1	搁板货架	45
2	贯通式货架	70
3	横梁货架（平衡叉车）	40
4	横梁货架（堆垛机）	60
5	重力式货架（无轨堆垛机）	65
6	移动式货架（8 排供一条巷道）	75

2. 仓储作业设备

配送中心内仓储作业设备的主要任务是入库、补货、集货或载人拣货。系统的出、入库能力和分拣能力决定了对仓储作业设备的性能要求，决定了设备的类型、数量、工作巷道宽度和投资规模的大小。

3. 储位深度

倍深式储存方式的货架结构与普通托盘货架相比具有相同的基本架构，其只是把两座托盘货架结合，以增加第二列的储存宽度，因此储存密度中增加 1 倍。但存取性及出入库能力也随之降低，如图 3－2－3 所示。

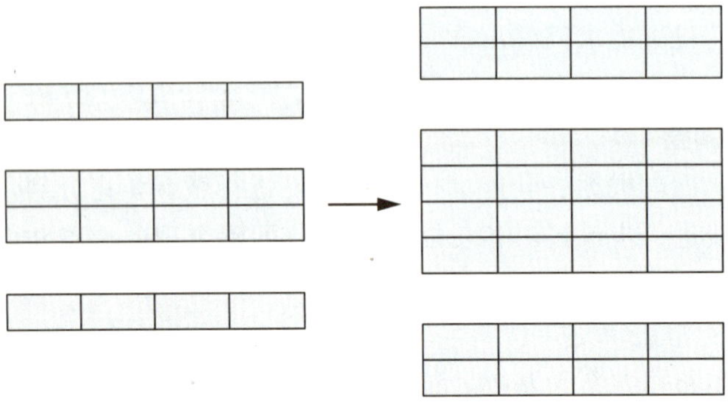

图 3－2－3 普通托盘储存方式和倍深式储存方式的货架结构比较

（六）仓储分区及仓储面积确定

1. 货物的分类存储原则

货物的分类是指根据货物的性质和形态，将其归入不同类别，并进行有序排列。相应的货物分类原则有：

（1）按货物的特性分类；

（2）按货物的使用目的、方法及程序分类；

（3）按货物存储单元的形态分类，使之与存储货架类型、分拣方法匹配；

（4）为适应货物采购方便，按交易行业分类；

（5）按客户或配送目的地分类。

2. 仓储区面积确定

可以采用以下数学模型对配送中心的仓储需求面积进行计算和分析。

$$A=\frac{\varepsilon\times T\times Q}{\eta}$$

式中，A——物流园区仓储面积，单位：平方米；

ε——平均每单位货物的占地面积，单位：平方米/每单位；

T——货物平均仓储周期，单位：天；

Q——日均仓储最大吞吐量；

η——面积利用系数。

可以参考式子对配送中心的仓储需求面积进行计算和分析。

（备注：该公式仅供参考，实际上不少企业的配送中心的仓储面积是根据门店数量来规划仓储面积，有部分生产企业是根据生产线的面积去估算仓储面积，不同的企业有不同的算法，要根据实际情况而定。）

（七）通道宽度设计

1. 通道设计要点

（1）流量经济：让配送中心所有通道的人、物移动皆能形成路径；

（2）空间经济：通道通常占据不少空间，需谨慎设计以发挥空间运用的效益；

（3）设计的顺序：首先主要通道配合出入仓库的位置进行设计，其次为出入部门及作业区间的通道设计，最后才是服务设施、一般走道等通道设计；

（4）危险条件：必须要求通道足够空旷，以适应危险时尽快逃生的目的。

2. 配送中心通道宽度

配送中心通道宽度参考值，见表 3-2-10 所列。通道设计需要视具体的搬运工具和搬运的货物体积而定。如图 3-2-4 所示为部分搬运工具对应的通道宽度要求。

表 3-2-10　配送中心通道宽度参考值

通道种类或用途	宽　度
中枢主通道	3.5～6m
辅助通道	1.5～3m（视载重而定）
人行通道	0.75～1m
小型台车	0.7m
手动叉车	1.5～2.5m（视载重而定）
叉车（直角转弯）	2～2.5m（1.1m×1.1m 托盘）
窄巷道叉车（堆垛机）	1.6～2m

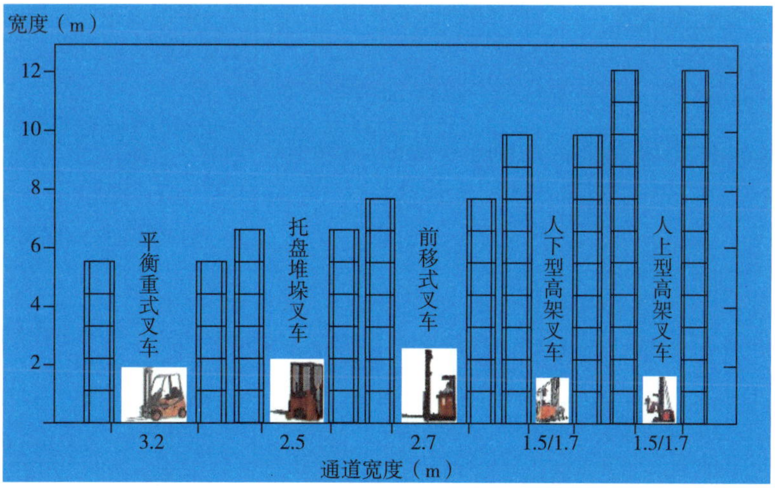

图 3-2-4　部分搬运工具对应的通道宽度要求

（八）装卸货平台的规划

装卸货平台（也叫收发货站台）的基本作用是：

① 提供车辆的停靠、货物的装卸暂放；

② 用站台就能方便将货物装进或卸出车厢。

收发站台的设置使货物装卸的作业高效、有序、省力。收发站台的设计主要是：

① 站台的布置形式；

② 站台的布置方向；

③ 收发站台是否分开设置；

④ 站台的宽度、深度和高度尺寸；

⑤ 门的类型、大小和数量等。

1. 装卸货平台的布置形式

装卸货平台的布置形式可按出入口配置分类，也可按码头与仓库的位置分类，也可按站台与作业方式的关系分类。具体如下：

（1）按出入口配置分类

按出入口配置分类的设计主要有以下几种方式，见表 3－2－11 所列。

表 3－2－11　按出入口配置分类

收发货站台的位置关系图	收发货站台位置关系说明	优缺点分析
	进货及出货共享	可提高空间及设备使用率，但在进出货高峰期，容易造成进出货相互干扰。应合理安排进出货时间
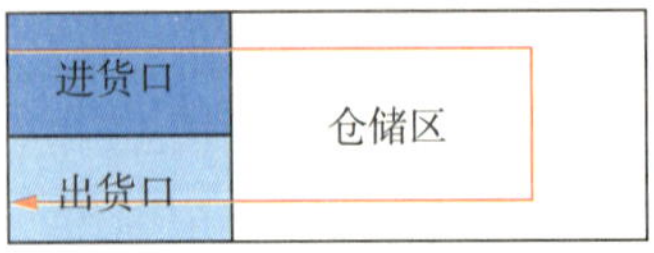	进出货区分别使用，但两者相邻以便管理	设备仍可共享，但进货及出货作业空间分隔，避免相互干扰；但进出货空间不能弹性互用的将使空间效益变低
	进出货区各别使用，两者不相邻	此种安排方式进出货作业等于完全独立的两部分，空间、设备均作划分，虽可使进货与动线更为迅速顺畅，但空间及设备的使用率势必降低
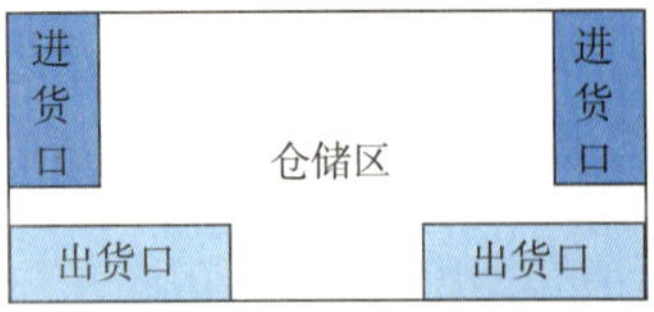	数个进货、出货口	厂房空间足够且货品进出频繁复杂，则可规划多个码头以适应及时存货需求的管理方式

（2）按装卸货平台与仓库的位置分类

按装卸货平台与仓库的位置分类有以下几种，见表 3－2－12 所列。

表 3-2-12　按装卸货平台与仓库的位置分类

开放式	齐平式	内围式
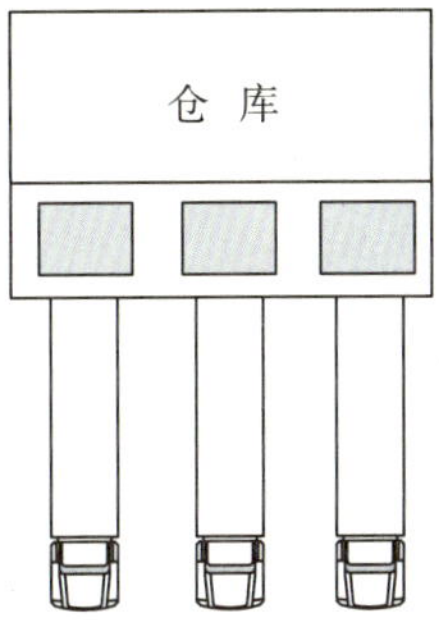	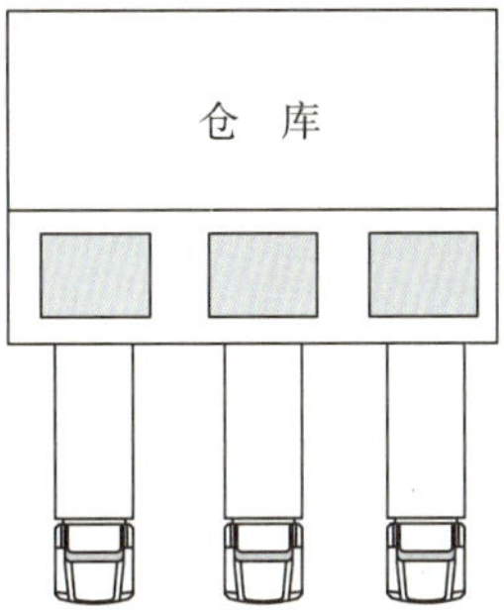	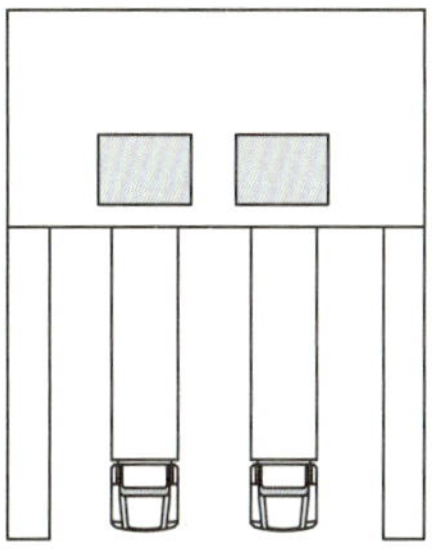
月台全部突出于厂房，在月台上的货品完全不受遮掩保护，且库内冷暖气更容易外泄	月台与仓库外缘刚好齐平，此法虽没有内围式安全，但至少整个月台仍在仓库内受保护，能源浪费的情况较少，是目前最广泛采用的形式	将码头围在厂房内，进出货车辆可直接开进厂房装卸货，这种设计最为安全，不怕风吹雨打，也不用担心冷暖气外泄

（3）按站台与作业方式的关系分类

按站台与作业方式的关系分类有以下几种，见表 3-2-13 所列。

表 3-2-13　按站台与作业方式的关系分类

尾部装卸	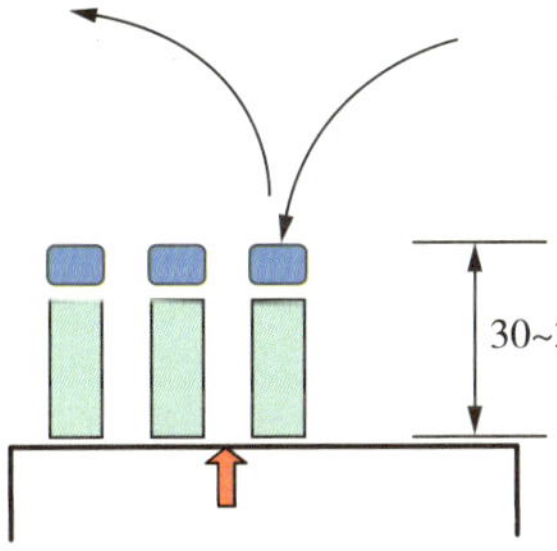	泊位多，使用最广泛，占用空间大。最大好处是码头外侧齐平，可完全包围码头内部区域，并可提供较佳的密闭作业空间，对于天气控制的效果较好
侧面装卸	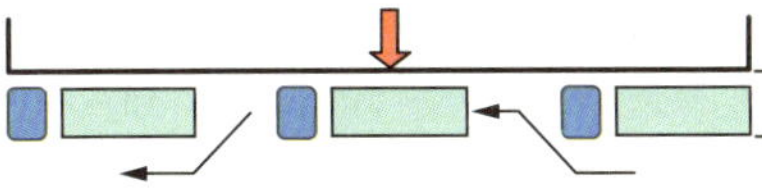	占用空间少，泊位少，不需要码头高度调节板和驶入装卸设备就可实现托盘装载，装卸货物的宽度可以比车辆门宽，且可同时从车辆两边卸货
锯齿状月台	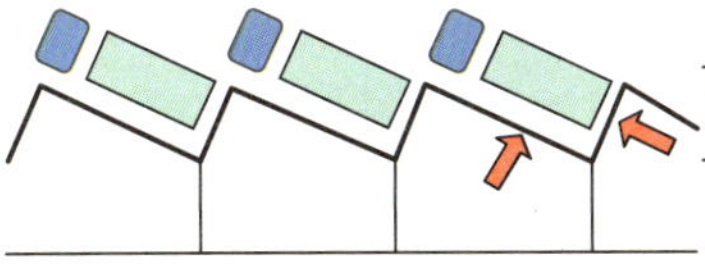	可从尾部或侧面装卸，是一种综合考虑的方案。适用于货车回转空间较小的情形，且货车可由尾端或侧端装卸货，其主要缺点为占用较多的建筑物空间。锯齿式码头车辆旋转纵深较浅，外部面积要求较小，但要求车辆采用单线循环

2. 装卸货平台设计所需资料及主要参数

(1) 站台设计

① 运货车辆是统一规格，还是有不同吨位与尺寸？

② 货物进出是独立的还是在同一地点进行？

③ 公路和铁路运输系统的设计布局如何？

④ 是否有足够空间调遣车辆和控制仓库的入口和通道？

⑤ 装卸站台的数量？

(2) 站台数量

① 货物进出的时间分配；

② 日装卸处理量的峰值和均值；

③ 每宗/每批量订单的装卸量的峰值和均值；

④ 季节性装卸的波峰值和波谷值；

⑤ 处理货物的种类，各种货物的尺寸、形状及其存储方式；

⑥ 装卸时对天气状况的要求；

⑦ 常见货车类型及尺寸，见表 3-2-14 所列。

表 3-2-14 常见货车类型及尺寸

货车类型	货车尺寸/m			
	总长 L/m	底板高 h/m	总高 H/m	总宽 W/m
货柜车（40ft）	16.4～21.3	1.4～1.6	3.7～4.3	2.4
短途半拖车	9.1～10.7	1.1～1.2	3.4～4.0	2.4
标准货车	4.6～10.7	0.9～1.2	3.4～3.7	2.1～2.5
冷藏车	12.2～16.8	1.3～1.5	3.7～4.3	2.4～2.6
平板车	16.8～21.3	1.2～1.5		2.4～2.7
长途半拖车	16.8～21.4	1.2～1.3	3.7～4.3	2.4～2.8

3. 装卸货平台及回转空间设计

由于配送中心常用运输车辆的宽度为 2.4～2.6m，车辆垂直停靠在站台前所需要的停车位最小宽度为 3.5m。如考虑车厢门向两侧开的货车停靠在站台后才开门时，则停车位最小宽度要 4m，否则相邻货位的车厢门会互相触碰或不能完全打开。为了防止装卸区域内交通阻塞、使车辆快速地靠泊和驶离站台，同时考虑到配送货物装卸作业一般以叉车为主，因此站台应有足够的宽度满足叉车回转需要，应尽可能保证这一宽度不小于 4.5m，如图 3-2-5 所示。

另外，平台外部空间需根据常停靠车辆的回转半径预留回转作业空间，以保证货车进出及停靠码头所需的活动空间，一般又称为停车坪。此空间大小与货车的长度及回转半径有绝对关系，并与月台的宽度及数目有关。依经验，以 40ft 长的集装箱为例，至少要有两部货车的回转半径，才能使货车有足够作业回转空间，如图 3-2-6 所示。

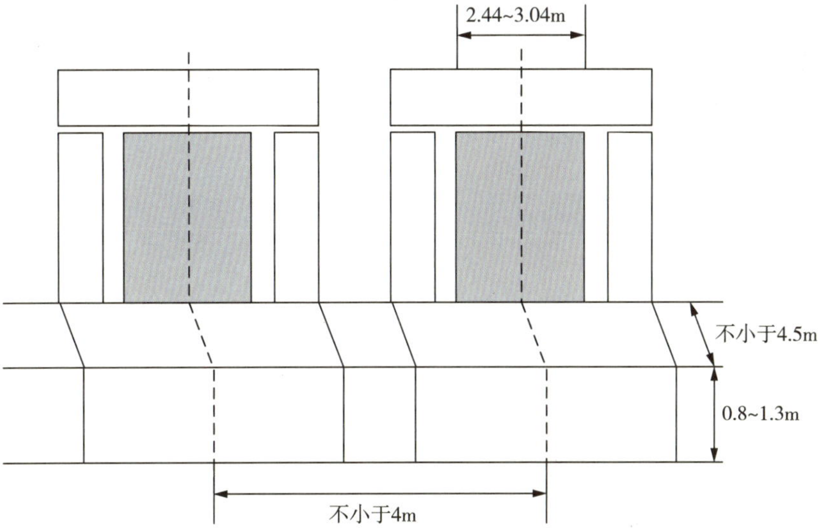

图 3-2-5　货车停靠站台示意图

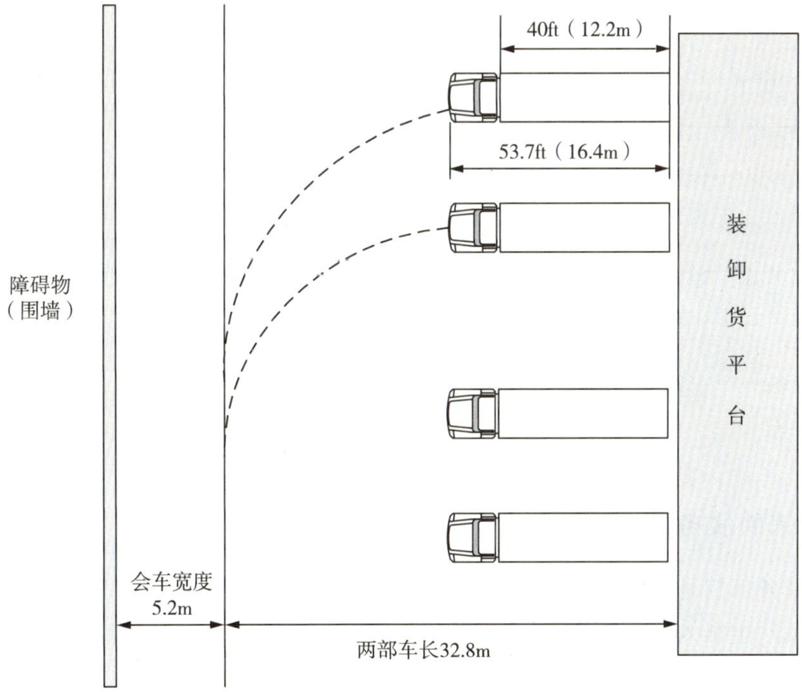

图 3-2-6　40ft 长集装箱车作业回转半径

站台本身的设计形式一般分为直线式与锯齿式，如图 3-2-7 所示，在不同停靠方式下装卸场地的最小宽度，见表 3-2-15 所列（以 40ft 集装箱车为例）：

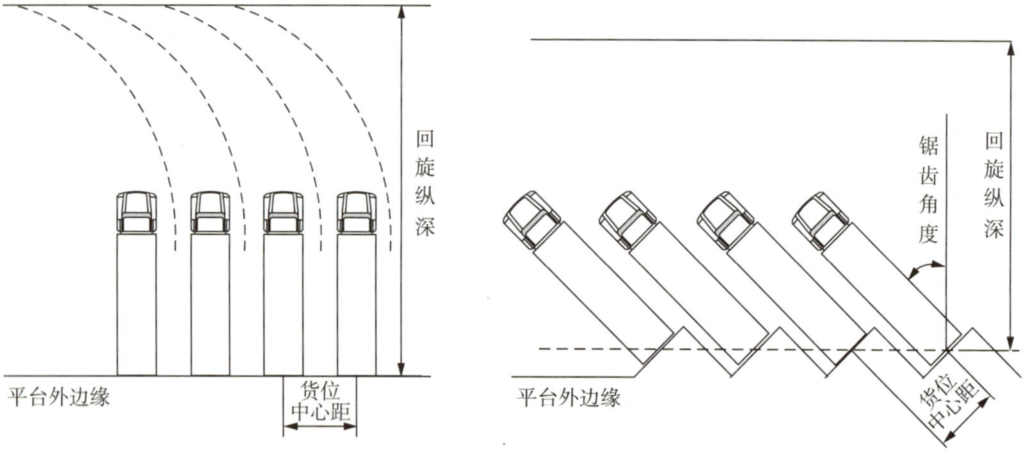

图 3-2-7　直线式与锯齿式站台的回旋纵深示意图

表 3-2-15　不同停靠方式装卸区最小宽度（单位：m）

货位中心距	直线停靠回旋纵深	锯齿式停靠方式回旋纵深（锯齿角度）			
		15°	30°	45°	60°
3.5	36.5	33.4	28.9	23.2	16.7
4	35.5	32.4	27.9	22.4	16.1
4.5	34.5	31.5	27.1	21.7	15.6
5	33.6	30.6	26.3	21	15.2
5.5	32.8	29.8	25.6	20.5	14.8

第五节　辅助服务设施设计及要考虑的公用工程设施

一、辅助服务设施设计

辅助服务部门是生产系统不可或缺的支持系统，工厂管理服务设施一般包括：

(1) 工厂主出入口：包括工厂大门、门卫室、值班室、收发室等；

(2) 行政管理部门：包括工厂办公楼、综合服务楼等；

(3) 生活服务设施：包括食堂、医务室、托儿所等；

(4) 检测与技术服务部门：包括中央实验室、技术服务楼等；

(5) 交通服务设施：包括汽车库、停车场、自行车棚等；

(6) 社会服务设施：包括产品经营、展销、维修服务部等。

二、公用工程设施

设施规划与设计，还要考虑厂房（库房）以及其他公用设施和配套设施。这些设施包括：

（1）动力系统；

（2）消防系统；

（3）照明系统；

（4）通风及采暖系统；

（5）给排水设施；

（6）避雷接地设施；

（7）环境保护设施。

这些都是一个综合建筑系统中需要考虑的问题。

练习与思考

1. 配送中心规划和设计有哪几大内容？
2. 配送中心规划设计分哪几个阶段？
3. 简要说明配送中心规划设计所要收集哪些基础资料？
4. 简述配送中心的选址原则及其影响因素主要有哪些？
5. 常用的功能区布局方法有哪些？
6. 请简述功能区布局的主要步骤有哪些？
7. 请说明影响仓储区面积利用率的主要因素有哪些？

第三章　配送中心布置的实训

一、实训任务

（1）配送中心的基础数据收集

（2）设定功能区模板

（3）物流功能区布设

（4）非物流功能区布设

二、实训准备

（1）物料准备

准备红、蓝、黑白板笔各 6 支。

A3 纸：每个学生 1 张。

电脑：每个学生 1 台。

CAD 或 Visio 软件、OfficE 办公软件。

（2）人员安排

实训人员分成四个小组，每组 6～10 人，并选一名组长作为物流管理部经理。

（3）实训要求

实训前检查实训器材、物料是否齐全。

学生按要求分组，每组人员完成所列的实训任务。

实训结束后，提交实训报告。

三、实训步骤

步骤一　配送中心的基础数据收集

实训任务：熟悉以下给出的配送中心的基础数据。（10 分钟）

韩梅梅是西宁电器公司物流管理部的经理，西宁电器公司是国内著名的家电零售连锁企业，已在南宁有 4 家电器连锁店，目前家电的配送都是远在 300km 外的配送中心进行的配送，物流时间长且成本高，计划在南宁市新建一家配送中心，该配送中心要满足南宁市 8 家电器连锁店的配送服务，目前配送中心的地址已初步选好，韩梅梅负责该配送中心的整体规划和设计，并设计配送中心的布局图，布局图完成后，要分析物流路线的合理性。

韩梅梅带领项目组组员对配送中心的规划进行基础数据的收集，通过基础资料的收集，确定了配送中心各作业区域和外围辅助活动区域的面积，并根据各区域面积做出了配送中心的大致规划，见表 3－3－1 所列。

表 3－3－1　配送中心各作业区域和外围辅助活动区域的面积要求

作业项目	作业区域	面积（m^2）	长（m）	宽（m）	备注
配送中心总面积		17640	157.5	112	
一、配送中心作业区域一层平面布置设计					
收发货	收发货平台	540	90	6	
装卸货停车	月台停车位与货车通道	4284	105	40.8	每个停车位面积为 16.4m×4m，共 20 个货车停车位。货车回转半径为 32.8m，会车宽度 8m
人员从货车停车场通往仓库	从货车停车场到月台的斜坡				装卸货月台的左中右各设置 3 个斜坡，坡度 15°角，斜坡高度 1.4m，底边长 5.2m，宽 6m
大件电器产品接收和检验	大件电器产品接收区和检验区	118.56	11.4	10.4	
不合格处理	待处理区或不合格区	58.24	10.4	5.6	
大件电器产品上架、存储、拣货	大件电器产品存储区和拣选区	3060	90	34	
	通道				货架间的通道宽度 3.5～4m
	货架				重型货架，5 层高，货架总高度不超过 12m
小件电器产品接收和检验	小件电器产品接收区和检验区	142.8	17	8.4	
	通往二层的垂直升降机	3	2	1.5	
	通往二层存储区的人行楼梯	19.19	5.05	3.8	
越库作业	越库作业区	170	17	10	
叉车从收发货平台搬运到存储区	一楼主通道				主通道宽度 4.5～6m
机械搬运设备停放和充电	叉车充电室	523.6	30.8	17	其中包含一个 12m^2 左右的维修间

（续表）

作业项目	作业区域	面积（m^2）	长（m）	宽（m）	备注
打印订单	单证打印点				在一楼收发货平台处设置 2 个 $1m^2$ 的单证打印点
发货作业	发货暂存区	161	17	9.45	
	二层存储区通往一层的垂直升降机	3	2	1.5	
	二层存储区通往一层的人行楼梯	19.19	5.05	3.8	
人员通往二楼	楼梯间	19.19	5.05	3.8	
一楼上厕所	一楼洗手间	46.8	7.8	6	
二、配送中心作业区域一层平面布置设计					
小件电器产品上架、存储、拣货	小件电器产品存储区和拣选区	1155	55	21	小件存储区在二楼
	通往一层发货的垂直升降机	3	2	1.5	
	通往一层发货的人行楼梯	19.19	5.05	3.8	
	通道				货架间的通道宽度 3m
	货架				中型货架，高度不超过 3m
行政办公	办公室	207	18	11.5	在二楼
订单处理	单证室	198	18	11	在二楼
办公人员通行	人员通道				宽度 1.5m
二楼人员上厕所	二楼洗手间	63	12.6	5	
人员通往一楼	楼梯间	19.19	5.05	3.8	
三、辅助服务设施布置设计					
员工用餐和娱乐	餐厅/厨房、娱乐中心	800	40	20	200 人就餐
警卫值勤	岗亭	1.2	1	1.2	4 个岗亭
员工车辆停放	小车停车场	840	40	21	一个停车位 2.5×5m
	小车通道				单向通道，宽度 4m
人员通往食堂	室外人行通道				宽度 4～6m
人员住宿	住宿区	504	40	12.6	200 人×$4m^2$/人，4 层
自行车停放	自行车棚	280	40	7	自定
预留用地					自定
绿化区					自定

（续表）

作业项目	作业区域	面积（m^2）	长（m）	宽（m）	备注
四、门窗设计					
门	一楼正面门				宽 4.5m，高 3m
	一楼侧门				宽 4.3m，高 4m
	二楼办公区门				宽 3m，高 3m
	厕所门				宽 1.5m，高 2.5m
窗					宽 4.8m，高 1.8m
五、柱距要求					
柱子	前后柱距 10～12m				
	左右柱距 6～8m				
备注：1. 上述面积、长、宽的调整范围不超过规定尺寸的 5% 2. 变电室/配电室、动力及空调设备机房、水、电设施等暂时不用体现在布局规划中 3. 配送中心员工有 200 人					

步骤二　物流动线类型选择

实训任务：物流动线类型选择。（20 分钟）

任务说明：

（1）该配送中心的作业流程如图 3－3－1 所示。

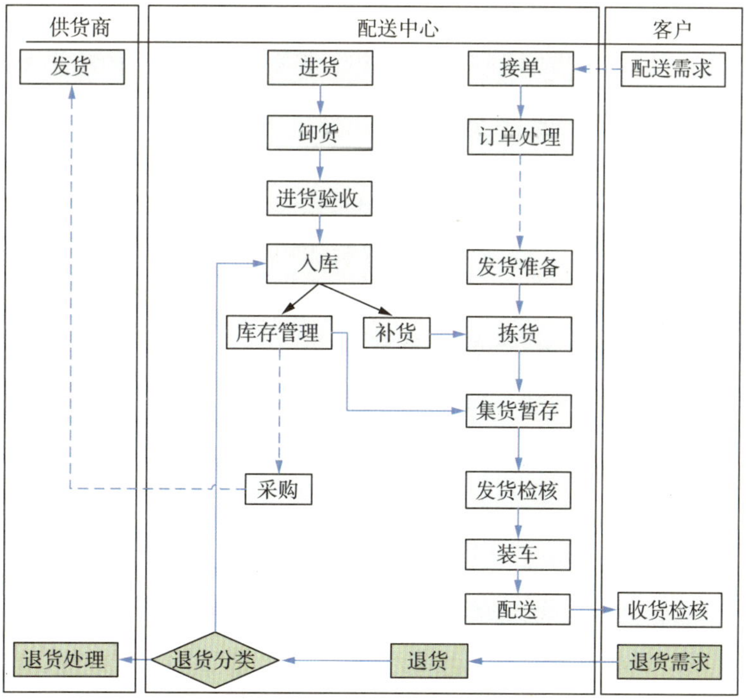

图 3－3－1　配送中心的作业流程图

（2）该配送中心各类货物的进出货频率差距明显，需要实施存储分区如分大件货物存储区、小件货物存储区，大、小件存储区又按不同的商品进行分类存放。

（3）大件存储区采用5层高重型高层货架，用前移式堆高车进行货物搬运。为充分利用配送中心的空间利用率，在未放置高层货架的一楼区域上面建二层，将小件存储区设在二层，采用中型货架，用人力液压车搬运。

（4）采用订单分割在不同区域拣取后集货的拣货方式。

请以小组为单位进行讨论，讨论内容根据以上说明，为该配送中心选择合适的物流动线类型，并派小组代表发言，说说你们小组选择该类型物流动线的理由（小组代表用白板笔在A3纸上画出物流动线图）。

步骤三　设定功能区模板

实训任务：设定功能区模板。（45分钟）

请各位同学根据表3－3－1所列的数据，依其面积大小与长宽，制作成功能区模板，在设定模板时应明确哪些功能区具有较大柔性，在布局时可适当进行调整以满足厂房的实际条件约束。功能区模板的制作可用CAD软件或Visio软件制作（Visio软件的尺寸有限制，需要等比缩小）。

步骤四　物流功能区布设

实训任务：物流功能区布设。（60分钟）

请各位同学以物流活动的流程为依据，大体上依作业流程顺序对功能区位置进行设定。

注意：首先应考虑面积较大且长宽比不易变动的功能区（如仓库区等需应用大型机械的区域，其区域设置受到机械设备占地的约束），参考其在动线和流程中的相对位置预先进行布设；然后再按顺序插入面积较小、长宽比限制较小的功能区。

步骤五　非物流功能区布设

实训任务：非物流功能区布设。（45分钟）

物流功能区布设完毕后，请各位同学再根据非物流功能区（主要是行政办公、单证室等）的设置需求调整出非物流功能区模板的用地。考虑到工作人员的进出方便，一般办公区都会设置在出入口附近。

步骤六　输出配送中心一层平面图纸

实训任务：制作配送中心一层平面图。（90分钟）

将配送中心各功能区域大致布设完毕后，请各位同学用CAD软件或Visio软件完成配送中心一层平面图的制作（注：Visio软件的尺寸有限制，需要等比缩小）。布设各作业区域时，注意通道、柱距、门窗等设施的宽度要符合要求。

步骤七　输出配送中心二层平面图纸

实训任务：制作配送中心二层平面图。（90分钟）

完成配送中心一层平面图的制作后，继续完成二层平面图纸。同学们也可参考本教材后面的图样进行制图。

四、实训报告要求

实训（实习）日志和实训（实习）报告一律打印上交，报告字数不少1000字。报告需包括以下内容：

（1）本次实训目的。

（2）请根据实训指导书中的要求做出配送中心一层和二层的布局图。

（3）你的布局图与同组同学相比，觉得有哪些地方需要完善，哪些方面做得比较好？

（4）本次实训发现的问题和建议。

（5）本次实训的总结。

第四章　配送中心布置方案评价

一、实训任务

配送中心布置方案评价和布局调整

二、实训准备

（1）物料准备

准备红、蓝、黑白板笔各 6 支。

A3 纸：每个学生 1 张。

电脑：每个学生 1 台。

CAD 或 Visio 软件、FIE 布局和物流规划软件、Office 办公软件。

上节课制作好的配送中心布局图。

（2）人员安排

实训人员分成四个小组，每组 6～10 人，并选一名组长。

（3）实训要求

实训前检查实训器材、物料是否齐全。

学生按要求分组，每组人员完成所列的实训任务。

实训结束后，提交实训报告。

三、实训步骤

步骤一　FIE 布局与物流规划软件操作练习

实训任务：熟悉 FIE 软件各功能模块的练习，可阅读软件操作说明书。（10 分钟）

小组各成员都制作了布局图，谁的布局图更合理呢？评价的方式有很多，且要从多方面综合考虑。因实训时间有限，我们仅从（物流—距离）分析方面进行评价，可采用 FIE 布局与物流规划软件对该布局图进行物流状况（物流—距离）分析。分析前应先熟悉软件的功能和操作方法。

步骤二　导入背景图

实训任务：导入背景图。（10 分钟）

将布局图文件转成 JPG 格式，打开 FIE 软件，新建文件："配送中心布局"，将

JPG 格式布局图文件作为背景图导入文件中，如图 3-4-1 所示。

步骤三 建立设施模型

实训任务：建立设施模型。(10 分钟)

建立设施模型，设施模型大小根据布局图背景大小进行设置，并为设施模型取名，如“发货月台”“收货月台”等，如图 3-4-1 所示。

步骤四 作业流程设定

实训任务：作业流程设定。(10 分钟)

设施模型建好后，点击“产品/流程”按钮，如图 3-4-1 所示，进入作业流程设定的界面。

点击“+流程”按钮，建五条流程的路线，如图 3-4-2 所示，并给这五条流程命名并设置不同的颜色：

(1) 大件商品收货路线；

(2) 小件商品收货路线；

(3) 大件商品发货路线；

(4) 小件商品发货路线；

(5) 办公人员就餐和住宿路线。

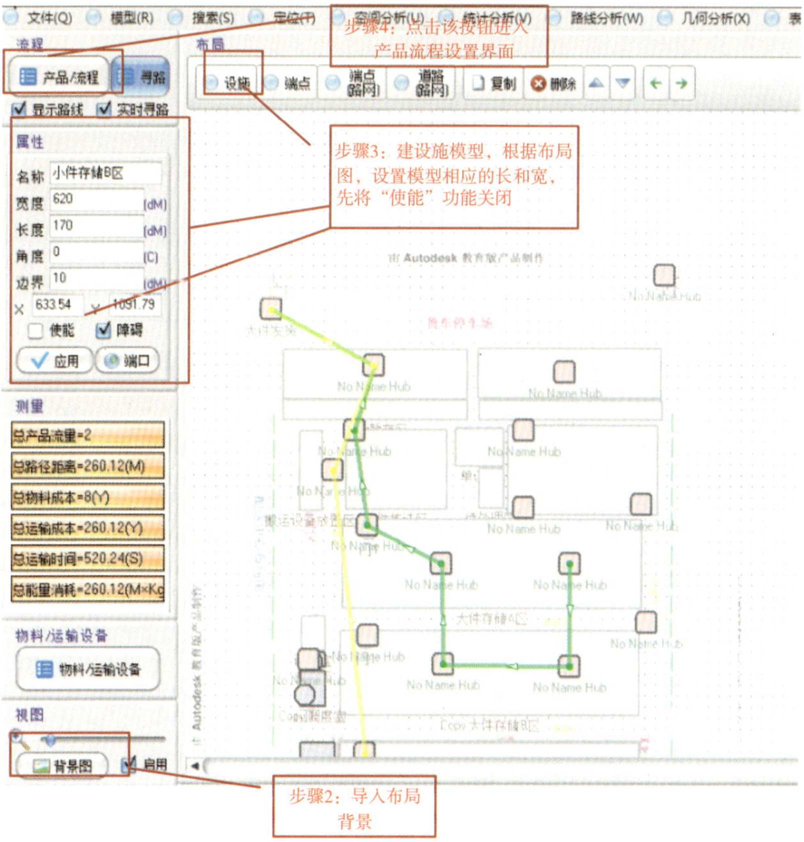

图 3-4-1

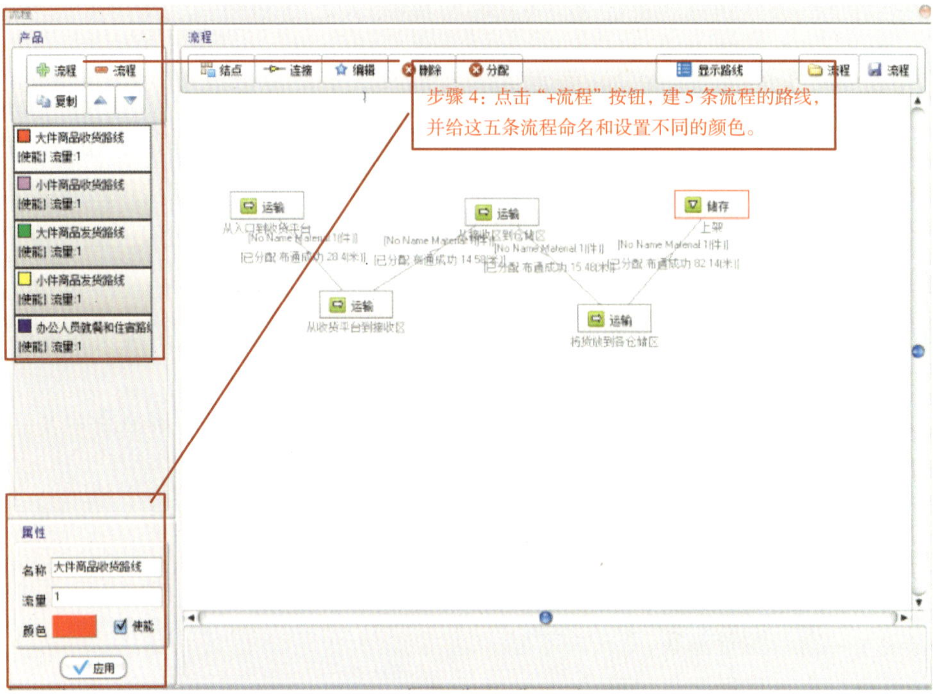

图 3-4-2

步骤五 设置路过的结点

实训任务：设置路过的结点。（10 分钟）

为每条路线设置路过的结点，如图 3-4-3 所示，各结点的名称如下：

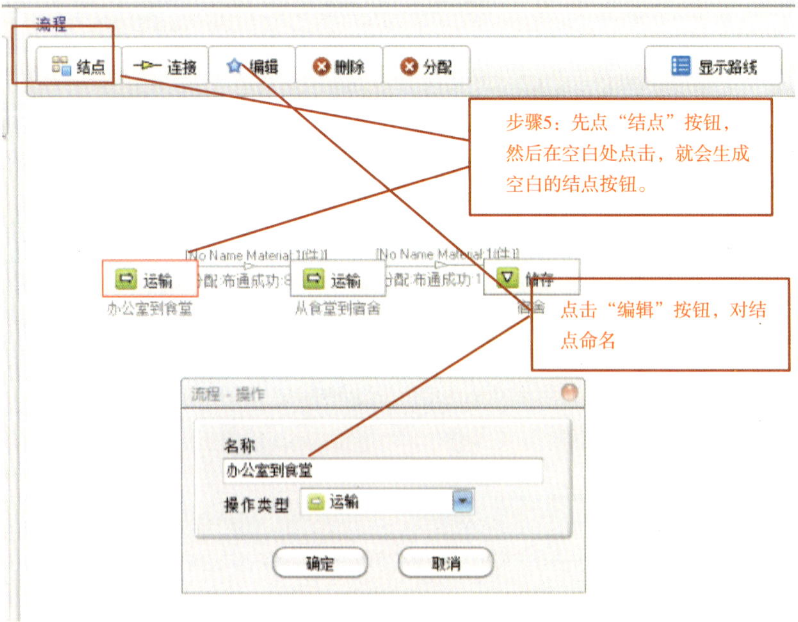

图 3-4-3

（1）大件商品收货路线的各结点：从停车场入口到收货平台→从收货平台到接收区→从接收区到仓储区→将货放到各仓储区（注：仓储区选4个点）→上架终点；

（2）小件商品收货路线的各结点：从停车场入口到收货平台→从收货平台到接收区→从接收区到仓储区→将货放到各仓储区（注：仓储区选4个点）→上架终点；

（3）大件商品发货路线的各结点：从各仓储区发料→从仓储区运到发货暂存区→从发货暂存区到发货平台→从发货平台到停车场出口→出口终点；

（4）小件商品发货路线的各结点：从各仓储区发料→从仓储区运到发货暂存区→从发货暂存区到发货平台→从发货平台到停车场出口→出口终点；

（5）办公人员就餐和住宿路线的各结点：办公室到食堂→从食堂到宿舍→宿舍终点。

步骤六　布设端点

实训任务：在需要布设的节点设置"端点"。（10分钟）

流程结点设置好后请保存文件。然后关闭产品流程设置界面，进入设施模型界面进行流程要经过的节点布设。点击"端点"按钮，在需要布设的节点设置"端点"，如图3-4-4所示。

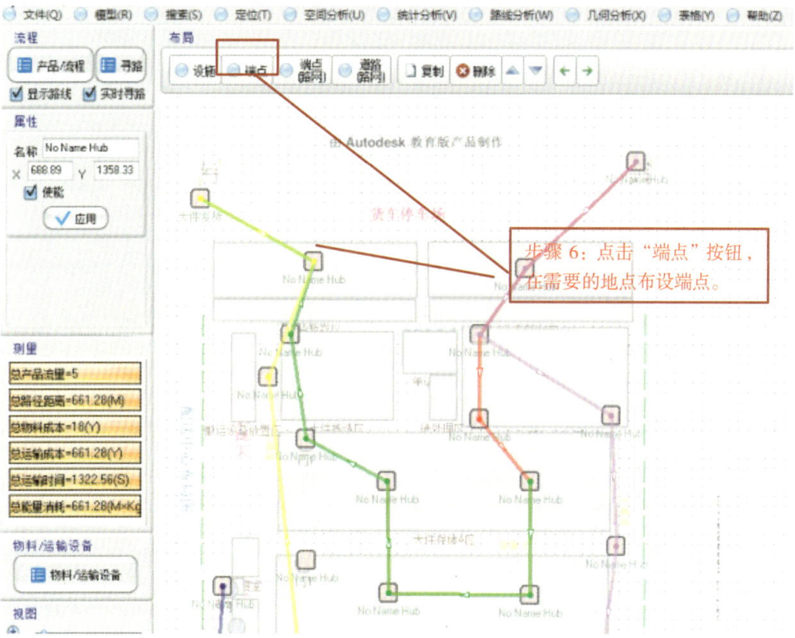

图3-4-4

步骤七　设定路线

实训任务：在每个结点之间设定路线。（10分钟）

进入"产品/流程"设置界面，点击每个结点之间连接线中的三角形符号，如图3-4-5所示，进入路线指定界面，为每个结点之间设定路线，如图3-4-6所示。

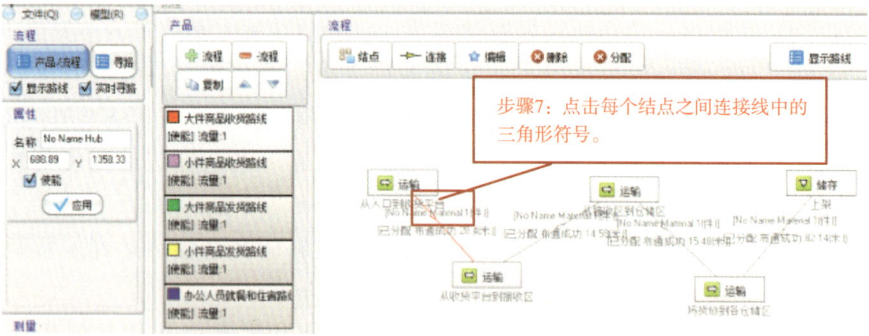

图 3－4－5

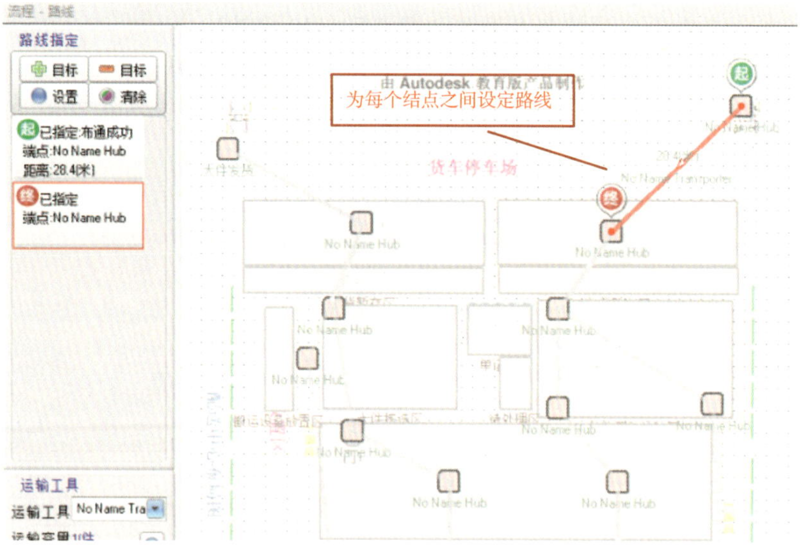

图 3－4－6

步骤八　物流路线的数据分析

实训任务：进行物流路线的数据分析。（10 分钟）

关闭“产品/流程”界面，回到布局界面，点击“寻路”按钮，如图 3－4－7 所示，进行物流路线的数据分析，如图 3－4－8 所示，如果配送中心有相关的单位成本、单位速度方面的物流数据，不仅可作布局的物流距离分析，也可进行成本方面的数据分析。

步骤九　整体布局调整

实训任务：整体布局调整。（10 分钟）

根据 FIE 软件的数据分析，以小组为单位进行讨论，看看哪位同学的配送中心的布局更加合理。完成初步布局后，根据各功能区的设置需要进行微调，充分利用厂房空间，并使各功能区间的动线进一步流畅，各功能区得以分配到合理的位置和面积，形成最终的功能区布局方案。讨论结束后，请各小组派出代表展示最优布局方案。

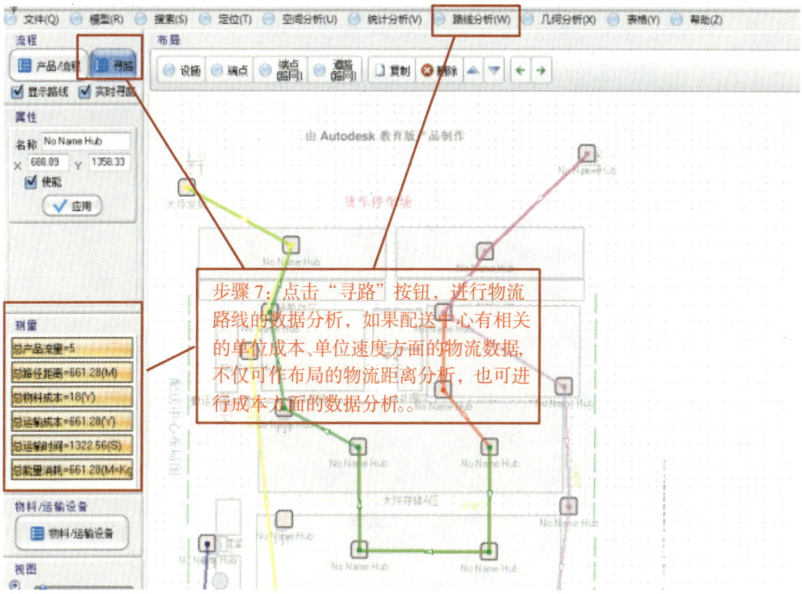

图 3－4－7

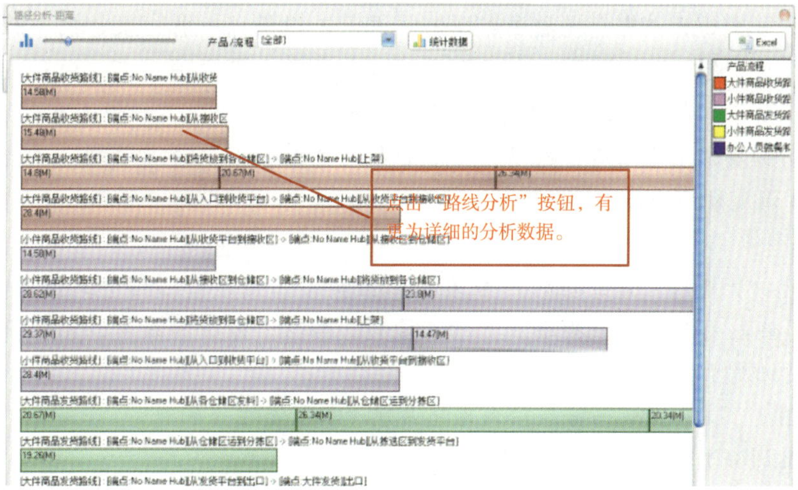

图 3－4－8

四、实训报告要求

实训（实习）日志和实训（实习）报告一律打印上交，报告字数不少1000字。

（1）本次实训目的。

（2）本次实训流程及数据结果。

（3）你觉得与Flexsim仿真软件相比，FIE布局与物流规划软件在“物流-距离”的分析上存在什么方面的优点和不足，你有更好、更简单的方法验证布局方案的优劣吗？

（4）本次实训的总结。

参考答案

第一篇

第一章　习题答案

1. 物料分类的原则有：完整性：物有归属，不遗漏，一物一类；统一性：分类基准确定，不可中途变更；弹性：可因需要插入新编号，不影响原有系统；关联性：类似与关系密切者尽量在一起；条理性：大分类→中分类→小分类，但不可太繁。

2. 物料分类常用方法有：按功用分类；按形态分类；按成本管制分类；按准备方法分类；按调度方法分类等。

3. 略。

4. 生产物料中的五金件还可以分为小五金和大五金，常见的小五金有金属螺钉、螺母等紧固件，大五金一般指金属板材、管材、型材、棒材和线材。铝制面板属于五金件。电动机属于机电类生产物料。

5. 如图 1－1－3 所示的橡胶密封圈垫片属于软胶类生产物料。

6. 商品的分类方法主要有：

（1）新品和旧品的分类；

（2）食品类和非食品类；

（3）季节性商品和非季节性商品；

（4）商品的 A、B、C 分类；

（5）商品按质量等级的分类；

（6）按结算方式分类；

（7）根据商品周转速度分类；

（8）根据消费者购买心理分类；

（9）根据商品在超市营销中的战略定位分类；

（10）根据消费者的心理消费预期分类；

（11）根据商品的进货渠道分类。

第二章　习题答案

1. 物料编码的意义：有利于提供正确的物料资料（正确性）；提高物料管理的工作效率（效率性）；有利于计算机管理；有利于防止物料舞弊事件发生；有利于压缩物料的品种、规格。

2. 常见的物料编码原则有：简单性原则；唯一性原则；分类性原则；扩展性原则；完整性原则；一贯性原则；永久性原则；易记性原则。

3. 物料编码的方法有：数字法；英文字母法；暗示法；混合法。

第二篇

第一章　习题答案

1. 设施布置的主要内容包括有：即工厂总体布置和车间布置。

2. 设施布置的目标是：

(1) 总体目标：在已确定的空间场所内，将物流全过程的人员、设备、物料所需的空间做最适当的分配和最有效的组合。

(2) 具体目标：最好的工艺流程——保证工艺流程畅通，生产时间短，生产连续；最少的物料搬运费用——运输路线简化，避免往返和交叉；最有效地利用空间——使建筑设备和单位制品的占有空间小；最好的柔性——设施布置适应产品需求的变化、工艺和设备的更新；最舒适的作业环境——保证安全，满足生理、心理要求；最便捷的管理——使有密切关系或性质相近的作业单位布置在一个区域或靠近布置。

3. 设施布置的决策依据有：公司目标；用户需求；加工过程；空间利用；生产能力。

4. 生产设施有4种基本的布置形式：定位式布置原则（项目布置）；产品原则布置（流水线布置）；工艺布置原则（机群式）；成组布置原则（混合布置）。

5. 略。

第二章　习题答案

1. 系统布置设计采用了四个阶段：确定位置；总体区域；详细布置；实施。

2. 物流分析可采用工艺过程图分析；多种产品工艺过程图；从——至表；物流相关表等方法。

当有几种产品时，最好各自编制一张工艺过程图。但当产品种类较多需要编制多张（如五张以上）时，最好采用多种产品工艺过程图。当产品或零件非常多时，可以用从——至表进行分析。从——至表是指从一个工作地到另一个工作地搬运次数的汇总表。

在采用SLP法进行工厂布置时，不必关心各作业单位对之间具体的物流强度，而是通过划分等级的方法来研究物流状况，在此基础上，引入物流相关表，以简洁明了的形式表示工厂总体物流状况。

3. 当物流对生产影响不大或没有固定的物流时，工厂布置就不能依赖于物流分析，需要进行作业单位间非物流关系分析，这时采用作业单位相互关系表进行分析；当各作业单位之间既有物流联系也有非物流的联系，两作业单位之间的相互关系应包括物流关系与非物流关系，因此在SLP中，要将作业单位间物流的相互关系与非物流的相互关系进行合并，求出合成的相互关系——综合相互关系，然后从各作业单位间的综合相互关系出发，实现各作业单位的合理布置，这时采用作业单位综合相互关系表。

4. 简述绘制作业单位位置相关图的步骤：

①从作业单位综合相互关系表出发，求出各作业单位的综合接近程度，并按其高低将作业单位排序；②按图幅大小，选择单位距离长度，并规定：关系密级为A级的作业单位对之间距离为一个单位距离长度，E级为两个单位距离长度，依此类推；③根据综合相互关系级别高低按A、E、I、O、U级别顺序先后确定不同级别作业单位位置，而同一级别的作业单位按综合接近程度分值高低顺序来进行布置。应随时检查待布置作业单位与图中已布置的作业单位之间的关系密级，选择适当位置进行布置，出现矛盾时，应修改原有布置。

5. 布置方案评价方法有：

常用的布置方案的评价方法有单项指标比较评价法和综合指标比较评价法。单项指标比较评价法包括技术评价方法和经济评价方法。综合指标比较评价法主要有优缺点比较法和加权因素比较法。

第三章　习题答案

1. 货架的主要结构：

(1) 地角（主要组成部分），连接货架与地面使货架更稳固；(2) 柱片（主要组成部分），用于支撑货架的全部重量；(3) 护角（主要组成部分），保护货架柱片不受叉车撞击；(4) 隔撑（选配件），用于货架与墙壁的连接；(5) 木板（选配件），平铺在横梁之间摆放货物；(6) 钢板（选配件），平铺在横梁之间摆放货物。

主要功能作用：

(1) 货架是一种架式结构物，可充分利用仓库空间，提高库容利用率，扩大仓库储存能力；(2) 存入货架中的货物，互不挤压，物资损耗小，可完整保证物资本身的功能，减少货物的损失；(3) 货架中的货物，存取方便，便于清点，可做到先进先出；(4) 可提高物资的存储质量，如可以采取防潮、防尘、防盗、防破坏等措施；(5) 很多新型货架的结构及功能有利于实现仓库的机械化及自动化管理；(6) 可以把商品布置得井井有条，使顾客一目了然，把商品信息最快地传递给顾客，通过商品的感性展示，激发并加强购买的决心，同时也是售货员向顾客提供高水准的服务的基本经营设施。

2. 货架分类：

(1) 按货架的发展分，主要分为传统货架和新式货架；(2) 按货架的适用性分，主要分为通用货架和专用货架；(3) 按货架的结构分，主要分为层架、层格架、抽屉架、橱架、三脚架、悬臂架、U形架等；(4) 按货架的可动性分，主要分为固定式货架、移动式货架、旋转式货架、组合式货架等、可调式货架；(5) 按货架的高度分，主要分为低层货架（高度在 5m 以下）、中层货架（高度在 5～15m）、高层货架（高度在 15m 以上）等；（6）按货架的载重量分，主要分为重型货架（每层载重 500kg 以上）、中型货架（每层载重 150～500kg）、轻型货架（每层载重 150kg 以下）等；（7）按货架的加工形式分，主要分为组合式货架和焊接式货架等；（8）按货架用途不同分，主要分为仓储货架和超市货架等。

3. 选择货架的主要原则有：

（1）安全可靠性原则：货架的强度和刚度要满足载重量的要求，并有一定的安全余量。对于存放危险物品的货架应有特殊的规定；（2）实用性原则：货架首先应满足于所储存物品的品种、规格尺寸和性能的要求，能满足物资先入先出的原则要求，同时适合于配套机械的存取作业；（3）尽量采用先进技术原则：采用先进技术的货架可以实现储存管理的机械化和现代化，提高货架的利用率；（4）低成本高效益原则：根据储存货物的品种、数量、载重要求选择对应材质的货架，根据储存管理的需要选择传统型或新型货架，考虑仓库中货架的成本及经济效益。

选用时应当考虑因素：（1）物品特性：尺寸大小、外形包装、重量；（2）存取性：存取便利性；（3）出入库量；（4）搬运设备；（5）厂房结构。

4. 货架设计要求：

库存物品应分垛码放，每垛占地面积不应大于 $100m^2$，并保证“五距”：

（1）顶距：货垛距屋顶要保持 50cm；

（2）灯距：是货垛顶部距灯要有 50cm。此外，库房内不准使用碘钨灯和超过 60 瓦以上的白炽灯等高温照明灯具；

（3）墙距：是指货垛与库房内墙的距离，一般应保持 50～80cm；

（4）柱距：指货垛与柱子的距离应有 10～20cm；

（5）垛距：指垛与垛之间的距离要 100cm。

第四章 实训参考答案

以下实训参考答案并非唯一标准答案，同学们可以选择认为合适的货架，并设计相关的货架尺寸，以下答案仅供参考。

1. 货架选择和尺寸设计

根据产品的特性、成本、建设周期等各方面考虑因素，决定该仓库的货架采用重型货架。根据产品的包装尺寸和可允许的堆垛高度，货架的层高和尺寸设计如下：

层　　号	1 层	2 层	3 层	4 层	5 层
每层存放的产品	拣选位	空调	冰箱	洗衣机	彩电
产品可堆垛的高度（单位：m）	2.04	2.04	1.85	1.06	0.9
托盘高度（单位：m）	0.145	0.145	0.145	0.145	0.145
货架横梁高度（单位：m）	0.1	0.1	0.1	0.1	0.1
货架横梁与产品的间隙（单位：m）	0.1	0.1	0.1	0.1	0.1

（续表）

层　　号	1层	2层	3层	4层	5层
层高（单位：m）	2.385	2.385	2.195	1.405	1.245
货架立柱与产品间隙（单位：m）	0.1	0.1	0.1	0.1	0.1
立柱宽（单位：m）	0.1	0.1	0.1	0.1	0.1
货架宽（单位：m）	1	1	1	1	1
备注：每列5层高的货架的货物摆放从低往高的优先排列顺序为：拣选位、空调、冰箱、洗衣机、彩电，这是根据货物体积和重量来决定，重量和体积大的货物优先摆低层。					

从上述计算和分析可得出单列5层的货架的长、宽、高分别为：2.5m、1m、9.615 m。

两组正面相对的货架所需的总宽度 $M_L=[(C-2K)\div 2]\times 2+Pl\times 2+Ast=6\text{m}$。

2. 货架正视图

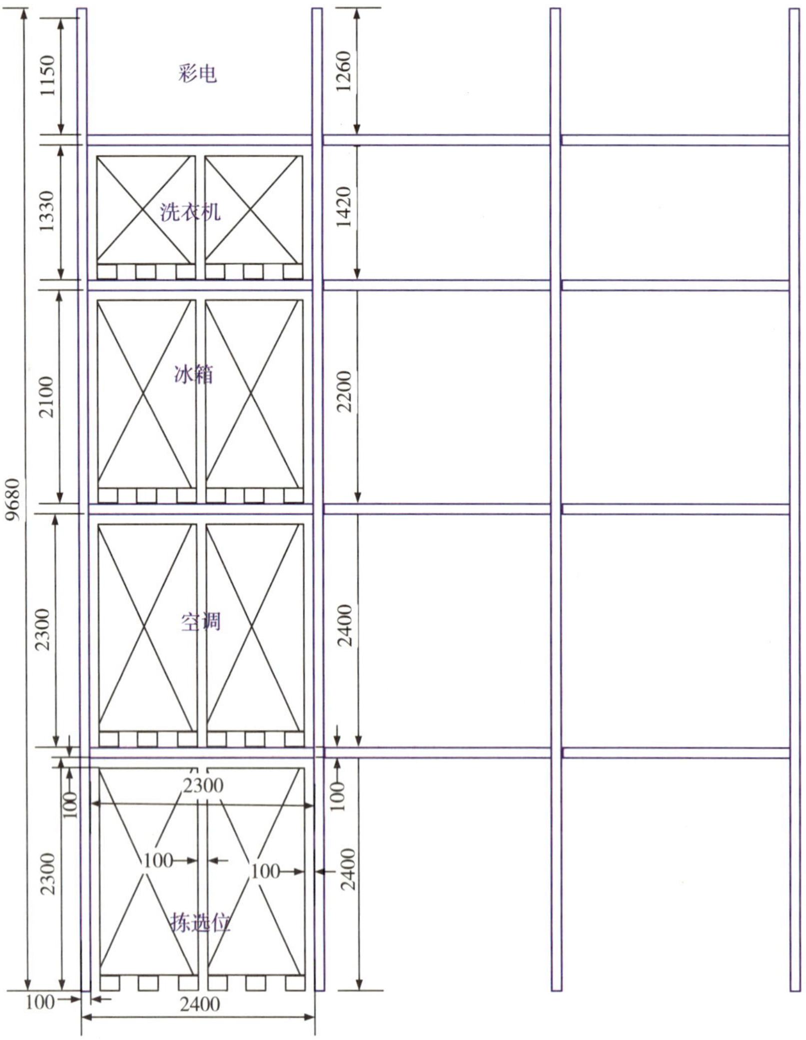

3. 货架侧视图

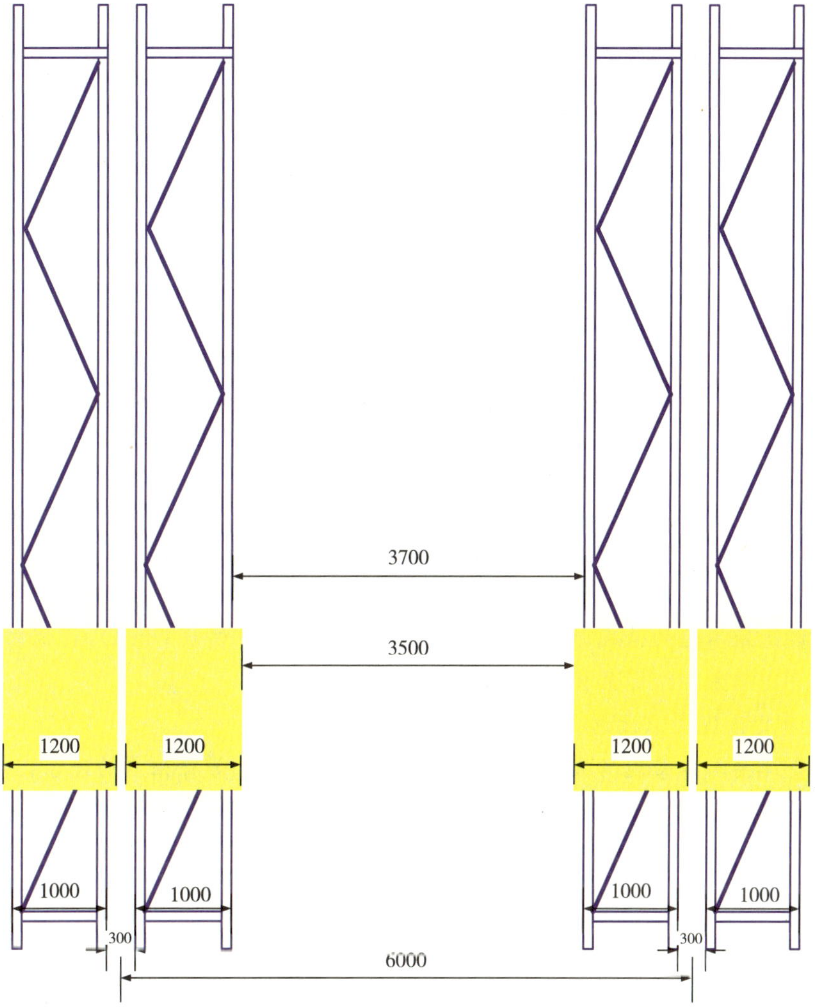

六、货架数量确定

品牌\产品	空调	彩电	冰箱	洗衣机	合计
美的（单位：台）	72	140	210	60	482
海尔（单位：台）	108	210	315	90	723
西门子（单位：台）	72	140	210	60	482
其他品牌（单位：台）	108	210	315	90	723
合计（单位：台）	360	700	1050	300	2410
所需单层单列货架可存放产品数量（台）	12	6	4	4	
所需单层单列货架个数	360/12=30	700/6=117	1050/4=263	300/4=75	合计：30+117+263+75=485

根据货架层高、长宽、层数、仓储数据等资料，计算出所需的货架数量为：

所需5层高、单列单排货架数量为485÷4（向上取整）=122组。

如考虑10%的入库量的波动，则所需5层高、单列单排的货架组数为=122×0.1+122=134组。

第五章　习题答案

1. 仓储的作用主要有：

(1) 调节运输能力——生产运输和配送运输系统桥梁；(2) 降低运输成本、提高运输效率；(3) 进行产品整合——消费者（不同交货期）+工厂（整车）；(4) 调节供需，创造时间价值——生产消费节奏不一致；(5) 预防偶发事件——采购或运输的延迟，缺货等偶发事件。

2. 仓库货区的布置思路：

(1) 根据物品特性分区、分类储存，将特性相近的物品集中存放。将单位体积大、质量大的物品存放在货架底层，并且靠近出库区和通道；(2) 将同一供应商或者同一客户的物品集中存放，以便于进行分拣配货作业。当仓库作业过程中出现某种物品物流量大、搬运距离远的情况时，则说明仓库的货位布局有错误；(3) 将周转率高的物品存放在进出库装卸搬运最便捷的位置。

3. 仓库货区规划应注意：

(1) 仓库要与经营现场靠近，通道顺畅；(2) 每个货仓有相应的进仓门和出仓门，并与明确的标牌；(3) 货仓办公室尽可能设置在仓区附近，并有仓名标牌；(4) 测定安全存量、理想最低存量或定额存量，并有标识牌；(5) 仓区内要留有必要的废次品存放区、物料暂存区、待验区、发货区等；(6) 按存储容器的规格、楼面载重承受能力和叠放的限制高度将仓区分为若干仓位，并用油漆或美纹胶在地面标明仓位名、通道和通道走向；(7) 仓区设计必须将安全因素考虑在内，须明确规定消防器材所在位置，消防通道和消防门的位置及救生措施等；(8) 每个货仓的进门处，须张贴货仓平面图，表明该仓库所在的地理位置、周边环境、仓区仓位、仓门、各类通道、门、窗和电梯等。

4. 仓库货区布置形式：

(1) 平面布置，平面布置是指对货区内的货垛、通道、垛间（架间）距、收发货区等进行合理的规划，并正确处理它们的相对位置。

平面布置的形式有垂直式布置和倾斜式布置两种。垂直式布置按货垛或货架的排列与仓库的侧墙互相垂直或平行来分，分为横列式布局、纵列式布局和纵横式布局。倾斜式布置是指货垛或货架与仓库侧墙或主通道成60°、45°或30°夹角。具体包括货垛（架）倾斜式布局和通道倾斜式布局。

(2) 仓库空间布置，也称为仓库内部竖向布局，是指库存物品在仓库立体空间上的布局，其目的在于充分有效地利用仓库空间。

其形式主要有：就地堆码、上货架存放、架上平台、空中悬挂等。

第六章　实训参考答案

1. 货架面积确定

重型货架一般是采取前面取货、两排货架背靠背的方式放置，根据货架高度和产品的特性，通道宽度在3.4～4m比较合适。由货架的尺寸、数量、通道宽度和两个货架间的间隙等已知条件可算出货架的面积为：

两个货架背靠背间隙（m）	0.3
通道宽度（m）	3.7
所需5层高、单列单排货架数量（单位：组）	122
所需5层高、单列单排货架组数（考虑10%的入库量的波动）（单位：组）	134
货架长（m）	2.5
货架宽（m）	1
每两组5层高货架所需面积（m^2）	货架长×（2个货架宽＋货架间间隙＋通道宽度）＝15
存储区面积为（考虑10%的入库量的波动）（m^2）	［（货架总数量×0.1＋货架总数量）/2）］×每两组货架面积＝1007

2. 仓库一层平面布置图

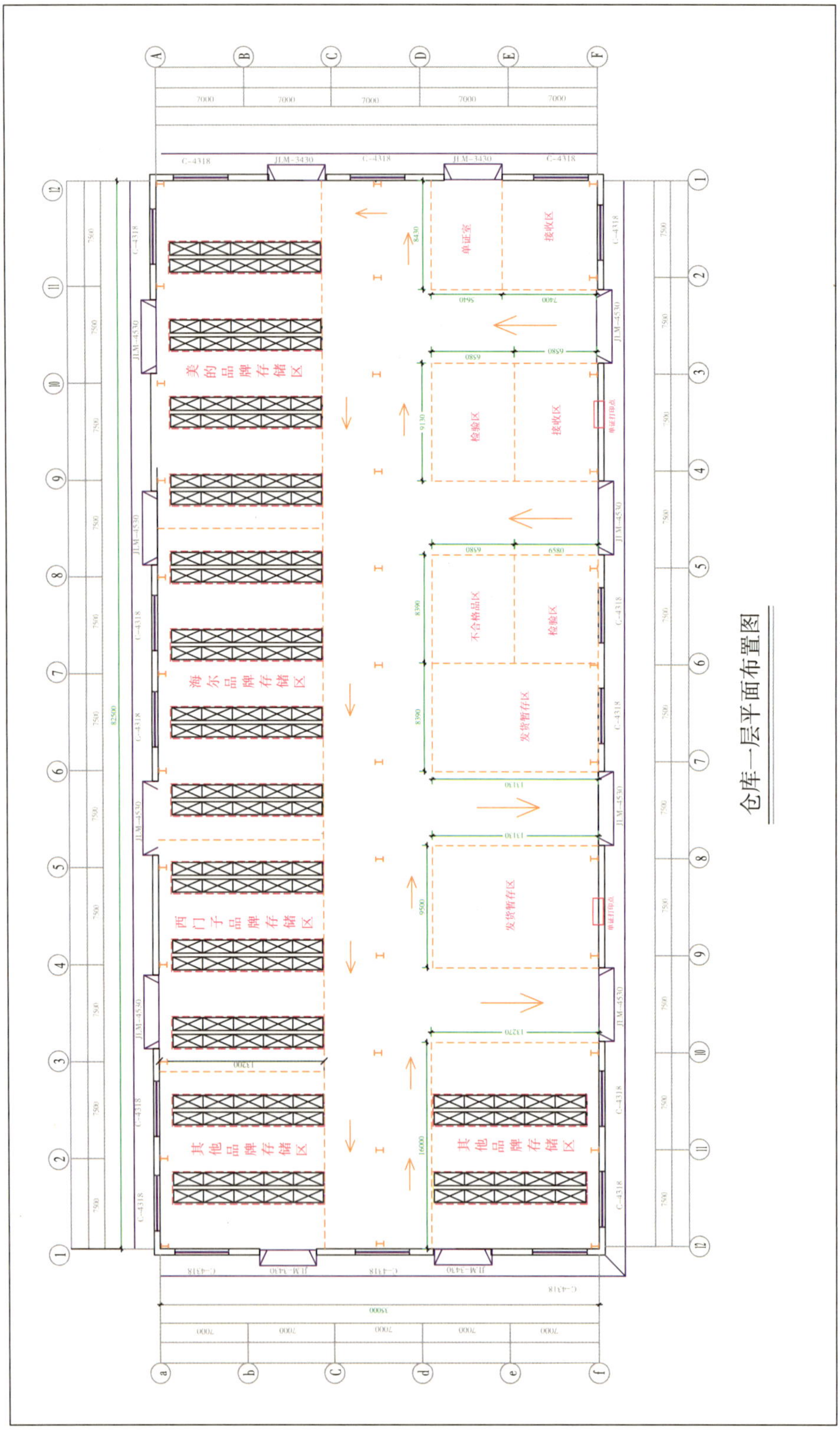
仓库一层平面布置图
美的品牌存储区
海尔品牌存储区
西门子品牌存储区
其他品牌存储区
其他品牌存储区
单证室
接收区
检验区
接收区
不合格品区
检验区
发货暂存区
发货暂存区

3. 门窗立面图

门窗表

类别	设计编号	洞口尺寸(mm) 宽	洞口尺寸(mm) 高	樘数	采用标准图集及编号 图集代号	采用标准图集及编号 编号	备注
窗	C4818	4800	1800	20			塑钢推拉窗
	C4318	4300	1800	8			塑钢推拉窗
	C-1	87300	1200	2			FRP固定采光窗
	C-2	39300	1200	2			固定窗
门	JLM-4530	4500	3000	4	其中2樘带外开M0920小门（见图）		铝合金卷帘门
	JLM-4330	4300	3000	4	其中2樘带外开M0920小门（见图）		铝合金卷帘门

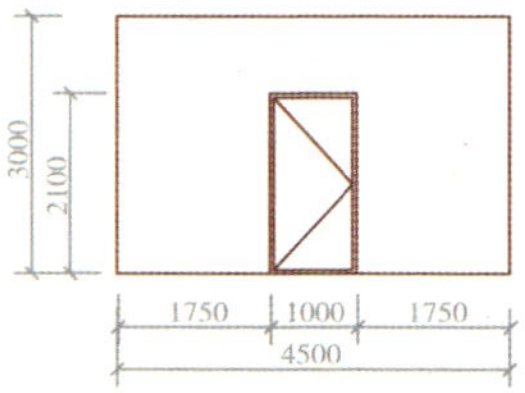

JLM-4530

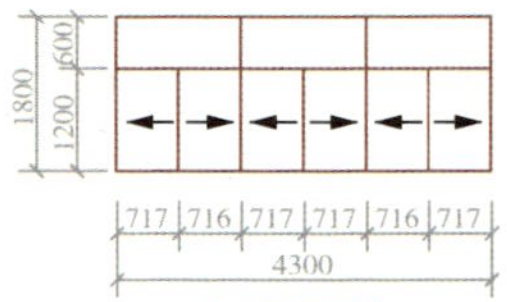

C-4318立面图

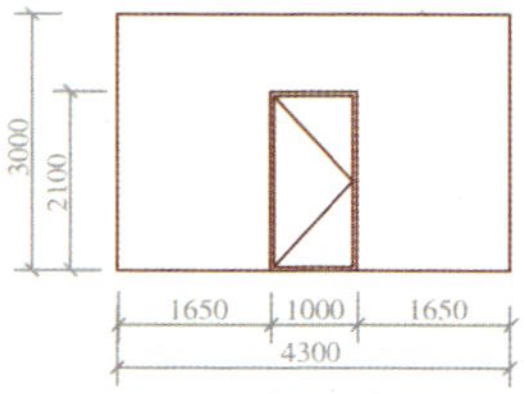

JLM-4330

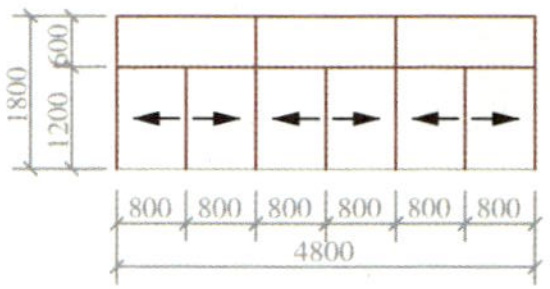

C-4818立面图

门窗立面图

第三篇

第一章 习题答案

1. 物流中心的类型：

（1）集货中心；（2）送货中心；（3）转运中心；（4）加工中心；（5）配送中心；（6）物资中心。

功能：（1）运输功能；（2）储存功能；（3）装卸搬运功能；（4）包装功能；（5）流通加工功能；（6）物流信息处理功能。

2. 配送中心的类型有：

（1）按配送中心的经济功能分类：供应型配送中心；销售型配送中心；储存型配送中心；加工型配送中心。

（2）按配送中心归属分类：自有型配送中心；公共型配送中心。

（3）按配送中心辐射服务范围分类：城市配送中心；区域配送中心。

功能：（1）储存功能；（2）集散功能；（3）衔接功能；（4）分拣功能；（5）加工功能；（6）信息功能。

3. 配送中心的作业流程：

（1）订单处理；（2）进货作业；（3）存储作业；（4）分拣作业；（5）流通加工作业；（6）配装出货；（7）送货。

第二章 习题答案

1. 配送中心规划和设计的主要内容：

（1）设施选址；（2）物流功能规划设计；（3）物流设施规划设计；（4）信息系统规划设计；（5）运营系统规划设计。

2. 配送中心规划设计分筹划准备、规划实施和方案评估等三个阶段。

3. 配送中心规划设计中所要收集的基础资料，包括现行作业资料和未来规划需求资料两部分。其中，现行资料主要针对配送中心的定位和现实需求的确定，而未来资料是面向配送中心未来在目标市场和服务区域发展需要的确定。调查采集方法包括现场访问、网上调研及对实际使用的表单进行搜集等。

4. 配送中心的选址原则：

（1）适应性原则；（2）协调性原则；（3）经济性原则；（4）战略性原则。

配送中心选址的影响因素主要有：（1）自然环境因素；（2）经营环境因素：经营环境、顾客需求分布、物流费用；（3）基础设施状况；（4）其他因素。

5. 常用的功能区布局方法有关联线图法和动线布局法。

（1）关联线图法：关联线图法沿用了系统布置设计方法；（SLP）的设计思路，它最大程度吸纳了已有的作业情况，获得了各个功能区之间的相关性，对布局有指导意义，但形成布局方案的过程较为烦琐，需要根据其他约束条件不断调整和修正，较难掌握。

(2) 动线布局法：物流动线是作业流程与物理场所相结合形成的空间关系，充分体现了功能区之间的物流关系。动线布局法将功能区之间的物流关系作为布局的核心因素，非物流关系则列为次要考虑，对以物流活动为主的配送中心来说是切实可行的。

6. 功能区布局的主要步骤：

(1) 设定功能区模板；(2) 物流功能区布设；(3) 非物流功能区布设；(4) 整体布局调整；(5) 布局方案的修正。

7. 影响仓储区面积利用率的主要因素有货架类型、仓储作业设备和储位深度等三个方面。

第三章　实训参考答案

以下实训参考答案并非唯一标准答案，仅供参考。物流设施布置设计方案没有最好，只有更好，希望同学们能通过参考答案，结合自己的分析和思考，制定出更优更好的设计方案。

1. 配送中心一层平面布局图

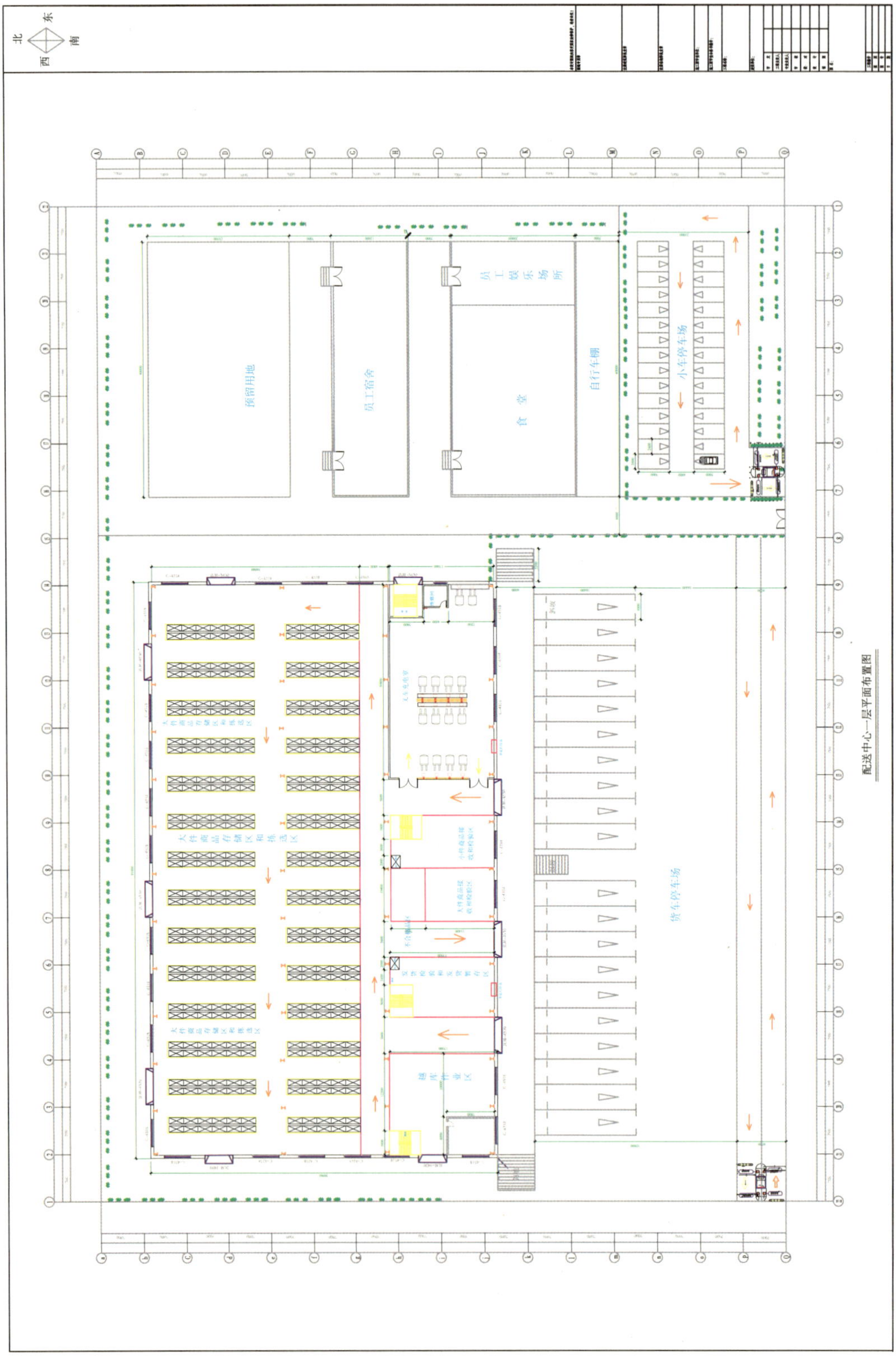

2. 配送中心二层平面布局图

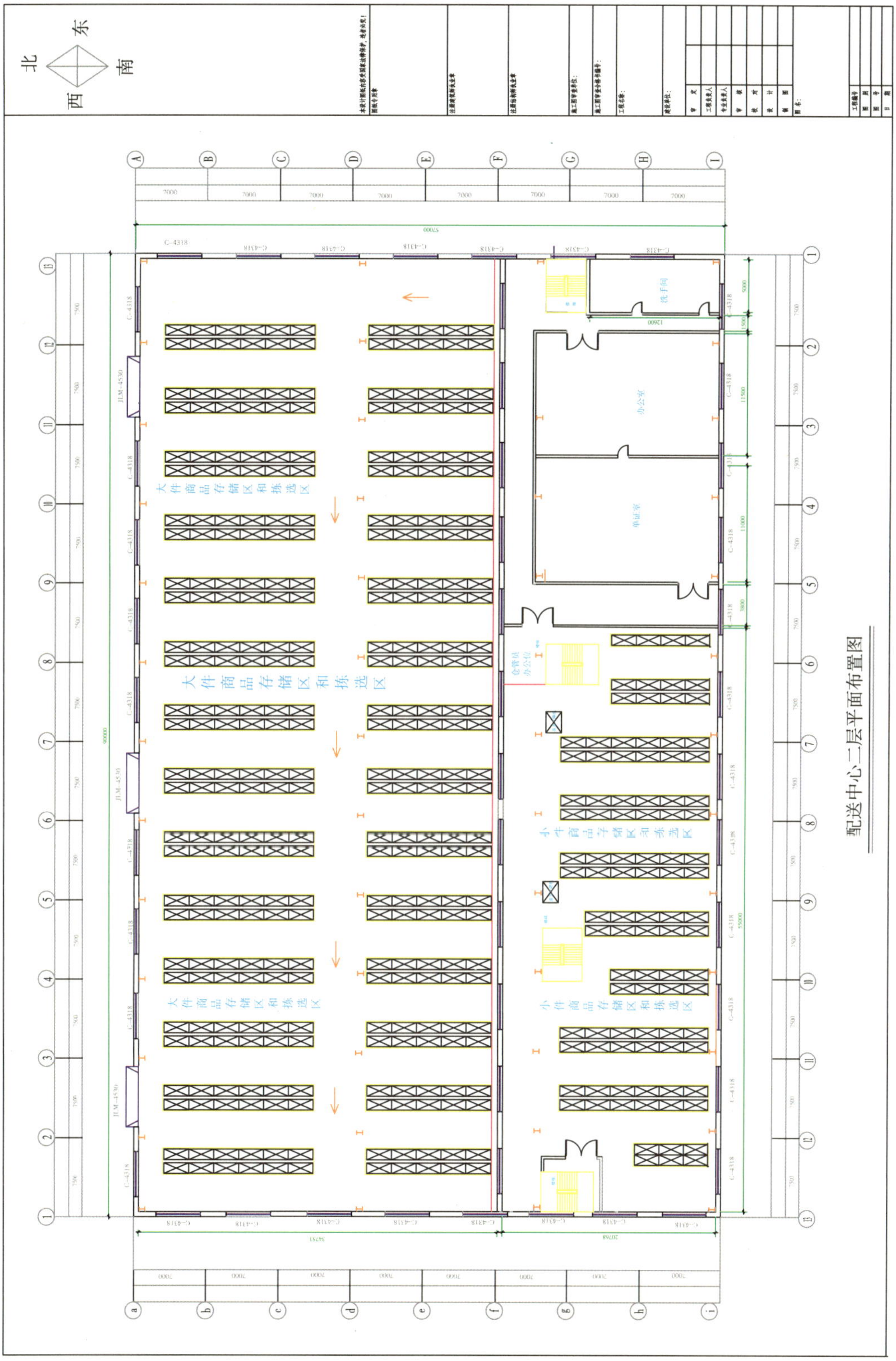

参考文献

[1] 毛海军，张永．物流系统规划与设计 [M]．南京：东南大学出版社，2009.

[2] 董海，梁迪．设施规划与物流分析 [M]．北京：机械工业出版社，2005.

[3] 齐二石，方庆琯．物流工程 [M]．机械工业出版社，2006.